Zoe Zander

193 Tage

Die Geschichte einer verwaisten Mutter

Autobiografie
Erfahrungsbericht

Bibliografische Information der Deutschen Nationalbibliothek:
Die Deutsche Nationalbibliothek verzeichnet diese Publikation in der
Deutschen Nationalbibliografie; detaillierte bibliografische Daten sind
im Internet über http://dnb.dnb.de abrufbar.

Lektorat & Korrektorat: Jenni Fenko
Covergestaltung: Jeanette Peters
Bildmaterial: Karola Riegler, Zoe Zander
Herstellung und Verlag: BoD – Books on Demand, Norderstedt

E-Mail: zander.zoe@gmail.com
Homepage: www.zoe-zander.at

ISBN: 978-3-7557-8481-4

Vorwort

Es ist der 16. April 2009 und ich befinde mich in der zehnten Schwangerschaftswoche. Gerne würde ich diese Tatsache in die ganze Welt hinausposaunen. Stattdessen bremse ich die Vorfreude. Die wichtigen und vor allem alles entscheidenden Untersuchungen stehen mir noch bevor. Ich habe Angst, mich zu früh zu freuen.

Vor 5 Jahren empfand ich ganz anders ...

„Jeder Mensch ist sich selbst der beste Psychologe."

(o. Univ. Prof. Dr. Peter Husslein)

Ein Engel auf Erden ...

Dich als Kind zu haben,
hat uns sehr geehrt.
Uns weit überlegen,
hast uns viel gelehrt.

Zu kurz war deine Reise,
solltest hier nicht bleiben,
kaum Zeit zum Genießen,
zu Ende ist dein Leiden.

Konntest immer lachen –
unser kleiner Held.
Du perfektes Wesen –
zu gut für diese Welt.

Zoe Zander

Die wahren Freunde sind nicht leicht zu erkennen, weil sie hinter einem stehen, um ihm den Rücken zu stärken ...

(J.-V. M.)

2003

„Wir sind hier, weil wir ein Baby bekommen wollen."
Mein Mann und ich machten es uns in der Arztpraxis
gemütlich. „Ich meine – wir wissen schon, wie es geht."
In Gesprächen dieser Art war ich gänzlich ungeübt.
Das Schmunzeln des Arztes war mir nicht entgangen.
„Was wir wissen wollen, ist: Können wir den Vorgang
irgendwie bewusst unterstützen? Oder womöglich
beschleunigen? Vielleicht mit Ernährungsumstellung?"
Ich bekam daraufhin das erste Mal das Wort – Folsäure
– zu hören und wie wichtig grüne Lebensmittel bei der
Erfüllung des Kinderwunsches sind. Von dem Vortrag
übers Rauchen als Potenzhemmer ließen wir uns nicht
beeindrucken. Mich hatten Zigaretten noch nie interessiert. Mein Mann hat hingegen irgendwo gelesen, dass
Nüsse sehr potenzfördernd sein sollten. Als Ausgleich für
sein Zigarettenpäckchen am Tag sorgte er schon seit
längerem Zeitraum bei der Nussverarbeitungsindustrie
für hohe Umsätze.
Ich hatte noch etliche Fragen auf Lager. Von der
Anwendung des Sicherheitsgurtes im Auto, wenn der
Bauch schon größer sein sollte, bis hin zu genetischen
Defekten und der Feststellung dieser.

Für die, die es interessiert: Sicherheit geht vor. Die Frucht-
blase ist sehr flexibel und kann auch bei einem straff gezoge-
nen Sicherheitsgurt nicht platzen.

Die Frage über Genetik bekamen wir mit einer Gegenfrage beantwortet: „Haben Sie in der Familie einen genetischen Defekt?"

„Nicht, dass wir wüssten", antwortete ich wahrheitsgetreu.

„Dann machen Sie sich keine Gedanken darüber ..."

*

„Das sieht sehr gut aus." Der Arzt glitt mit dem Zeigefinger über den Monitor. „Die Gebärmutterschleimhaut ist dicker, in den nächsten Tagen wird es zum Eisprung kommen."

Vergebens versuchte ich auf dem Bild das zu erkennen, wovon er sprach. Aber ich verließ mich auf sein Wissen, schließlich hatte er die Materie studiert, um diesen Beruf ausüben zu können.

Dennoch war ich skeptisch. Immer wieder bekam ich Geschichten von Pärchen zu hören, die sich jahrelang vergebens um Nachwuchs bemühten. Sogar die wissenschaftlichen Studien und Statistiken belegten es: In der heutigen Zeit gehört ein erfüllter Kinderwunsch nicht mehr zur alltäglichen Selbstverständlichkeit.

*

Der Arzt behielt recht. Keinen Monat später saßen wir erneut in seiner Praxis. In unseren Gesichtern strahlte ein breites Lächeln. Die paar Minuten Leidenschaft zwischen Job und Eigenhausbau sollten Früchte tragen.

Ich war erstaunt, aber überglücklich. Mit dreißig

Jahren, nach einem Jahrzehnt regelmäßiger Pilleneinnahme, mit Stress im Joballtag und trotz Schwerstarbeit auf der Eigenheimbaustelle, hatte es auf Anhieb geklappt.

Unser Heim war noch eine halbe Baustelle. Das Badezimmer befand sich im Rohbaustadium. Der Vorraum war noch nicht gefliest, der Wohnbereich im ausgebauten Dachboden nur über eine Leiter erreichbar. Genau dort hörte der Trockenestrich vor einer der vier Türen abrupt auf und dahinter verbarg sich statt dem geplanten Arbeitszimmer der Baustoff- und Werkzeuglagerraum. Im Kinderzimmer grinste uns von der unfertigen Decke die Dampfsperre an und von den Wänden strahlte uns statt einem Kinderblau das sterile Grün der Rigipsplatten an.

Für die nächsten Monate hatten wir uns nur ein Ziel gesetzt: Den Aufstieg in den Schlafbereich so sicher wie möglich zu machen. Eine Treppe musste her. Alles andere spielte im Augenblick keine Rolle und sollte sich in der Zukunft Schritt für Schritt ergeben.

Denn ich war schwanger und – außer mir vor Freude.

Winter 2004

Mein Plan sah folgendermaßen aus: Kinder kosten Geld, Hausbau und die Erhaltung auch. Und damit wir beides problemlos finanzieren konnten, beschloss ich, auf die Karenzzeit zu verzichten. Statt mein Kind die ersten zwei Jahre auf Schritt und Tritt bei seiner Entwicklung zu begleiten, entschied ich mich, diese kostbaren Augenblicke meiner Mutter zu überlassen und arbeiten zu gehen. Gleich nach dem Mutterschutz sollte es für mich heißen – zurück an den Arbeitsplatz. Die Betreuung unseres Sohnes wollte die Oma übernehmen.

Das bereitete mir keine Sorgen. Eigentlich machte ich mir absolut keine Gedanken und ging die Schwangerschaft bedenkenlos und voller Vorfreude an. Denn – ein Wunder war geschehen. In meinem Bauch entwickelte sich ein neues Leben.

Frühling 2004

Ich gewöhnte mich rasch an die morgendliche Übelkeit, die sich in meinem Fall über den gesamten Tag erstreckte. Ich hemmte meine Fresslust nicht und beruhigte stets mein Gewissen. Die zusätzlichen Pfunde galten schließlich einem guten Zweck. Nach der Geburt würden schon der Stress der frisch gebackenen Mama und das Stillen fürs Abnehmen sorgen.

Das Baby wuchs, mein Bauch auch, ich fühlte mich wohl. Bis auf die Wassereinlagerungen in den Händen und Füßen konnte ich mich über nichts beklagen. Ich hatte keine Schmerzen, keine Zwischenblutungen, sämtliche Untersuchungen und Arztgespräche bestätigten eine problemlose Schwangerschaft.

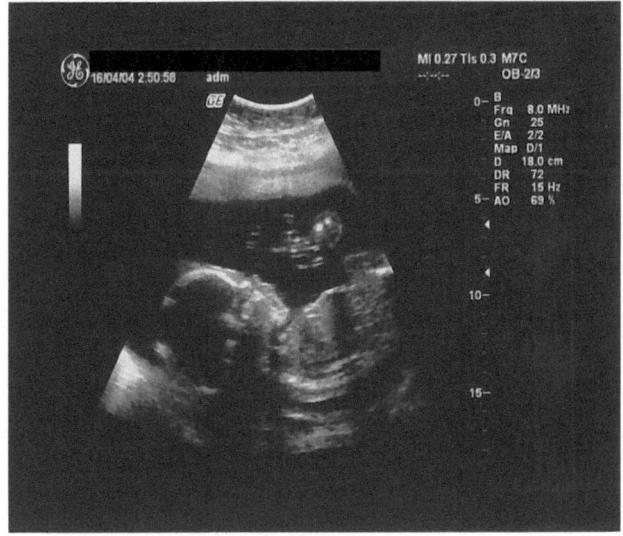

Sommer 2004

Alles lief reibungslos. Nur unser Hund legte während dieser Zeit ein ungewohntes Verhalten an den Tag, das sich sehr rasch zu einem ernstzunehmenden Problem entwickelte.

Die sonst sanftmütige Dobermanndame reagierte zunehmend aggressiver und schubste mich bei jeder Gelegenheit. Sie stellte mir das Bein, stieg mir von hinten auf die Fersen, stieß mir gegen die Kniekehlen und sprang mich mit Wucht an. Nachdem es ihr mehrmals gelang, mich zu Boden zu reißen, mussten wir einschreiten. Es stellte ein Risiko für unser ungeborenes Kind dar, das ich nicht einfach ignorieren und tatenlos hinnehmen konnte.

Unsere Tierärztin erklärte uns, eine schwangere Frau rieche wegen der Hormonumstellung anders als sonst. Dieser Umstand sollte zwar spätestens mit dem vierten Schwangerschaftsmonat vorüber sein, aber bis dahin blieb noch viel Zeit und unser Hund ließ weiterhin nichts unversucht.

Sie empfahl uns Medikamente, die den Hund sanftmütiger und apathischer stimmen sollten. Ich war und bin immer noch kein Freund von solchen Arzneimitteln, aber eben – die Sicherheit ging vor.

Der erwünschte Erfolg blieb dennoch aus. Weder die Medikamente, noch mein veränderter Hormonspiegel, auch keine Leine kombiniert mit einem scharfen Ton half. Schweren Herzens trennten wir uns von unserer Niki und hofften sehr, wir würden diesen Schritt nie bedauern …

August 2004

Gespickt mit dem Wissen aus Babysendungen und nach einem Geburtsvorbereitungskurs ging ich voller Zuversicht einen Tag vor dem errechneten Termin die Geburt an. Rasch stellte ich fest, dass all das Wissen nicht reichte und die Realität sich von jeder Fernsehsendung und sogar den Erzählungen einer Hebamme gravierend unterschied.

Die ganze Zeit gaben sich mein Mann und die Hebamme die Klinke in die Hand. Er lief alle paar Minuten seiner Nikotinsucht nach. Sie eilte von einer Geburt zur anderen und stellte an diesem Tag bestimmt ihren persönlichen Rekord auf.

Ich war die meiste Zeit alleine und fühlte mich ebenso auf mich alleine gestellt.

Nach fünfzehn Stunden Wehen war ich am Ende meiner Kräfte angelangt und musste mir eingestehen, mir weit mehr zugemutet und mich für weit mehr schmerzresistenter gehalten zu haben. Ich stand kurz vor dem Entschluss, nach Hause zu gehen. Offensichtlich wollte das Kind nicht raus, also sollte es dort bleiben, wo es war.

Zudem erweckte die Vorgehensweise des Krankenhauspersonals bei mir den Eindruck, als ginge man davon aus, dass der Geburtsvorgang und das damit verbundene Wissen in den Genen einer Frau liegen würde, oder als gäbe es dafür einen Instinkt. Scheinbar besaß ich weder dieses Gen noch den Instinkt.

Ich war maßlos überfordert und fühlte mich vom Krankenhauspersonal beinahe während der gesamten

Entbindung meinem Schicksal überlassen worden zu sein. Mir war schon klar, dass die Stationen unterbesetzt waren. Aber ehrlich – wenn man sich vor Schmerzen übergeben könnte, wollte man betreut werden und man fand wenig Verständnis dafür, dass sich die Schwestern vierteilen könnten, und immer noch zu wenige wären. Als ich kurz vorm Verzweifeln stand, bekam ich endlich ein Schmerzmittel verabreicht. Es passierte spontan, ohne Aufklärung und Absprache. Aber schon diese Tatsache sorgte bei mir für einen neuen Energieschub und ich erhoffte mir wenigstens eine Linderung. Aber die Schmerzen ließen nicht wirklich nach. Mir fielen lediglich die Lider zu. Ich war dermaßen entkräftet, dass ich es nicht mehr schaffte, auf der Zielgeraden die Augen aufzumachen, und so verpasste ich den wichtigsten Augenblick, auf den ich mich neun lange Monate so sehr gefreut hatte.

Mit geschlossenen Augen tappte ich zwar im Dunkeln, dennoch bekam ich mit, dass um mich herum urplötzlich viel los war. Der Arzt war mit einem Mal anwesend und es gab nicht nur die eine Hebamme, sondern gleich eine Handvoll davon.

Statt Motivation und Aufmunterung gab es nur Befehle, wie: Pressen! Hecheln! Luft anhalten und irgendwann bohrte man mir zwei spitze Knie in den Bauch.

Ich hatte aufgegeben. Sogar meine allerletzten Kraftreserven waren erschöpft, meine Lunge leergepustet. Als hätte man mir den Stecker rausgezogen.

Ich weiß nicht, welches Schmerzmittel man mir verabreicht hatte, aber ich fühlte mich der Realität entrissen. Nicht nur mein Empfinden, sondern auch meine Reaktionen waren beeinträchtigt. Ich kam mir ausgeliefert vor.

So kam es, dass ich erst viel später von meinem Mann erfahren habe, wie die Geburt wirklich abgelaufen war.

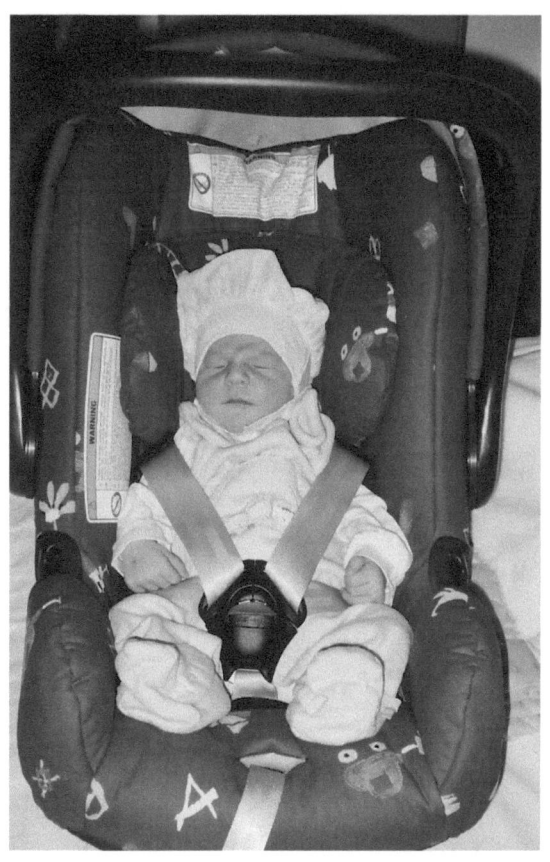

„Gratuliere! Sie sind Eltern eines gesunden Jungen", erreichte die Stimme des Arztes mein Gehör und mit einem Mal verflüchtigte sich nicht nur die Wirkung des Medikamentes, sondern auch mein ganzer Ärger, Missmut und für einen Moment lang sogar die Müdigkeit.

Gesund – das hielt ich für die allerwichtigste Information. Alles andere verlor an Bedeutung und rückte schlagartig in die Vergessenheit.

Während ich dieses kleine Wunder in meinen Armen hielt und mit den schweren Augenlidern kämpfte, dachte ich tatsächlich jetzt schon über ein Geschwisterchen nach.

September 2004

Machte ich etwas falsch? Stellte ich mich ungeschickt an? War ich vielleicht ungeeignet? Eine schlechte Mutter? Nur wenige Tage nach der Geburt vergoss ich Tränen in Strömen. Phillip wollte nicht trinken, obwohl die Milch schon bei sanftem Druck auf meine Brust von alleine tropfte. Rat suchte ich bei der Kinderschwester der Neugeborenenstation.

„Wenn Sie nicht stillen wollen, schicke ich den Arzt zu Ihnen. Er gibt Ihnen Medikamente zum Abstillen."

Als mein Tränenmeer immer mehr wurde, tauchte plötzlich ein Arzt bei mir auf. Ohne sich nach dem Grund zu erkundigen, definierte er mein Befinden als Babyblues und schlug mir bereitwillig entsprechende Arzneimittel zur Beruhigung vor.

Ablenkung von diesen Sorgen erhoffte ich mir von der Kinderchirurgin.

Phillip kam mit einer Hydrozelle auf die Welt. Seine Hoden waren vergrößert. Dieser Zustand war im Mutterleib noch völlig normal, aber kurz vor der Geburt sollte sich die Öffnung zwischen den Hoden und dem Bauchraum schließen und die Flüssigkeit langsam vom Körper absorbiert werden. Das war nicht geschehen. Also saßen wir zwei Tage nach der Geburt in der Ambulanz der Kinderchirurgie. Nachdem uns die Ärztin das Entstehen einer Hydrozelle erklärt hatte, fragten wir besorgt nach den Folgen, die keine Veränderung dieses Zustandes in der Zukunft mit sich bringen könnte. Vorrangig wollten wir wissen, ob eventuell im entsprechenden Alter Potenzprobleme oder gar die Beeinträchtigung der Zeugungs-fähigkeit auftreten könnten. Wir erfuhren, dass es um unseren Sohn sogar noch schlechter stand. Er war nämlich mit oberflächlich denkenden Eltern gesegnet worden, denen es nur am äußeren Erscheinungsbild des Kindes lag. Die Ärztin warf uns vor, uns trotz unserer Anfrage nicht um das Wohl des Jungen zu sorgen, sondern nur das Aussehen seines Geschlechtsteiles als unästhetisch zu empfinden. Wow – dachte ich mir. Von Menschen, die Gedanken anderer lesen können, hatte ich schon gehört, aber sie war die erste von dieser Sorte, der ich begegnet war.

Diese dreiste, aber vor allem unbegründete Anschuldigung verschlug uns beiden die Sprache und trieb uns unverrichteter Dinge, also ohne das Einholen von Informationen zur weiteren Vorgehensweise (Pflege, Beobachtung, Kontrolle etc. ...), aus dem Untersuchungsraum.

Ich zweifelte langsam daran, ob dies alles real war. Insgeheim hoffte ich, mich nach einem schweren Abendessen im Bett zu wälzen, begleitet von den absurdesten Albträumen ...

*

Nach fünf Tagen Neugeborenenstation durften wir nach Hause fahren. Ich war frustriert, müde, ratlos und der Situation nicht gewachsen. Mein Kind hatte mehr als zwanzig Prozent seines Geburtsgewichtes verloren und nahm trotz all meiner Bemühungen, es zur Nahrungsaufnahme zu bewegen, nicht zu. Gegen seine Trinkfaulheit war eben kein Kraut gewachsen. Alle, die wir im Krankenhaus zu diesem Thema konsultiert hatten, sprachen von dieser Art von Kindern, als wäre es völlig normal. Aber keiner hatte eine Lösung oder wenigstens einen Rat parat, was ich dagegen tun, oder wie ich damit umgehen sollte. Bei der Entlassungsvisite bestätigte mir der Arzt nochmals, dass ich ein völlig gesundes Kind hatte. Das war für mich nach wie vor das Wichtigste. Und genau diese Aussage veranlasste mich, Phillips Trinkfaulheit nicht mehr Bedeutung zuzuschreiben, wie einer schlechten Angewohnheit.

Wir steckten noch in den Startlöchern. Ich übte mich in Zuversicht, dass ich mit viel Geduld und Einfühlungsvermögen diese Unart meinem Sohn bald abgewöhnen würde.

Nach den ersten Tagen häuslicher Ruhe lebte sich unser Sohn ein. Das Stillen klappte plötzlich und er nahm wunderbar zu. Das hörte nach einem Monat ohne jede Vorankündigung auf. Ich fing an, die Milch abzupumpen, damit ich die Kontrolle über seine Nahrungsaufnahme behielt. Dafür zogen sich die Mahlzeiten immer mehr in die Länge. Meine Mutter sah mir ratlos zu, mein Mann flüchtete vor jeder Mahlzeit aus dem Zimmer, um dieser nervenaufreibenden Prozedur nicht beiwohnen zu müssen. Sonstige Verwandte bedienten sich weiterhin des Begriffes *trinkfaul*, ohne jemals dabei gewesen zu sein, oder es selbst versucht zu haben. Und der Kinderarzt bezeichnete seinen allgemeinen matten Zustand als Müdigkeit. Am liebsten hätte ich in die ganze Welt hinausgebrüllt: „Seid ihr alle blind?! Mit dem Kind stimmt etwas nicht!" Aber sogar ich selbst konnte nicht genau sagen, was es war, das nicht stimmte. In meinem Bekannten- und Verwandtenkreis gab es keine Babys, mit denen ich Phillip hätte vergleichen können. Auch sonst fehlte mir die Erfahrung mit Kleinkindern. Ich hatte nur eine ganz bestimmte Vorstellung in meinem Kopf, die mir anhand der gelesenen Bücher, oder gesehener Reportagen und Fernsehsendungen entstanden war. Phillip entsprach nicht annähernd dieser Vorstellung. Niemand teilte mit mir diese Meinung. Aber es versuchte auch keiner, meine Vermutung zu widerlegen oder mir das Gegenteil zu beweisen. Mein verzweifelter Appell wurde einfach ignoriert, nur mit einem milden Lächeln abgetan, oder ich wurde direkt zurückgewiesen mit der schlichten Bemerkung: "Nun übertreibe nicht so maßlos." Dies alles führte kurzerhand dazu, mich als Versagerin zu fühlen. Der Mutterrolle nicht gewachsen zu sein, unfähig mit einem Säugling umzugehen.

Nach vier Wochen half nicht einmal mehr der Entlassungsbrief mit Phillips Gesundheitsbestätigung, um mich zu beruhigen. Ich war am Ende mit meinem Latein, meinen Kräften und meiner Geduld.

In dieser Not erwies sich meine Mutter als mein einziger Halt. Sie stand stets hinter mir und versuchte mich von meiner fixen Idee nicht abzubringen. Sie war dabei, als ich an Phillips Essverhalten verzweifelte. Sie war die Einzige, die es selbst versucht hatte und sie gestand mir, dass sie in meiner Vorgehensweise keinen Fehler entdecken konnte und auch selbst an ihre Grenzen gestoßen war. Damit lieferte sie mir zwar keine Lösung für mein Problem, aber jetzt zweifelte ich wenigstens nicht mehr an mir als Mutter. Ich dachte auch nicht mehr, ich sei verrückt, oder ich würde es mir nur einbilden. Auch nicht mehr, dass ich mit diesen Behauptungen lediglich von meiner Unfähigkeit ablenken wollte.

Meine Mutter gab mir die Kraft, meiner Überzeugung weiter nachzugehen und mir nicht einreden zu lassen, ich wäre die, mit der etwas nicht stimmte ...

*

Wie jeden Abend, brachte ich auch an diesem Tag
Phillip ins Bett, streifte ihm über die Wange, gab ihm
einen Kuss und deckte ihn zu. Für einen Moment setzte
ich mich neben ihn aufs Ehebett, um nach einem anstrengenden Tag endlich mal in Ruhe durchzuatmen, und
schloss für einen Augenblick die Augen. Es war wie ein
Tagtraum, dauerte nur Sekunden, erschütterte mich in
Grund und Boden und weckte in mir das Gefühl, nicht
ganz dicht zu sein.
Denn – welche Mutter würde an so was auch nur
denken können?
Hinter meinen geschlossenen Augen entwickelte sich
folgende Szene: Ich saß und hielt meinen Sohn in den
Armen. Sein Kopf lag auf meiner Brust und ich wusste –
er war tot.

Ich war damals noch keine fünfzehn Jahre alt, als mich
mein Vater eines Tages aus heiterem Himmel beschul-
digte, mich in meiner Freizeit mit nichtsnutzigen Jugend-
lichen herumzutreiben und heimlich zu rauchen. Viele,
wenn nicht die meisten aus meinem Freundeskreis rauchten. Aber er hatte mich nie dabei erwischt und sollte ihm
dieses Gerücht jemand zugetragen haben, dann war es
eine Lüge. Zigarettenrauch konnte ich noch nie ausstehen
und wenn es sich vermeiden ließ, mied ich verrauchte
Orte. Lange kämpfte ich mit aller Kraft gegen diese
Anschuldigungen, aber es gelang mir nicht, meinen Vater
davon abzubringen. Irgendwann sagte ich resignierend
zu ihm: „Ach denk doch, was du willst. Ich weiß es besser
...“

Jetzt befand ich mich wieder in der Situation, in der mir keiner Glauben schenkte und ich die Zuständigen nicht von meinem Standpunkt überzeugen konnte. Nur ging es dieses Mal nicht um sogenannte Sargnägel oder eine Lunge voller Teer. Es ging eigentlich gar nicht um mich, sondern um meinen Sohn, Falls es tatsächlich so etwas wie Vorahnung oder den sechsten Sinn geben sollte, dann ging es womöglich sogar um sein Leben ...

Ich wollte alle mir zur Verfügung stehenden Hebel in Bewegung setzen, um das Schlimmste zu verhindern. Mich als paranoide Mutter beschimpfen und mir unterstellen lassen, meinen Sohn vom Arzt zu Arzt zu schleppen, nur damit ich Aufmerksamkeit bekam? Das Jugendamt auf uns aufmerksam machen, weil sie meine Art der Obhut oder meinen Umgang mit Schutzbefohlenem in Frage stellen würden? Wenn es Phillips Essverhalten und seinen allgemeinen Zustand verbessern sollte, war mir alles recht ...

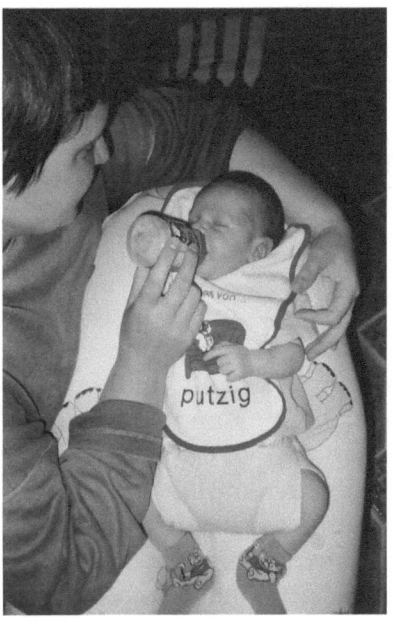

Oktober 2004

Phillip war mittlerweile zwei Monate alt. Ich war mit der häuslichen Lage komplett überfordert und fühlte mich außerstande, mich mit anderen Müttern zu treffen, um mich auszutauschen. Alleine zog ich mit unserem Sohn durch die Gassen.

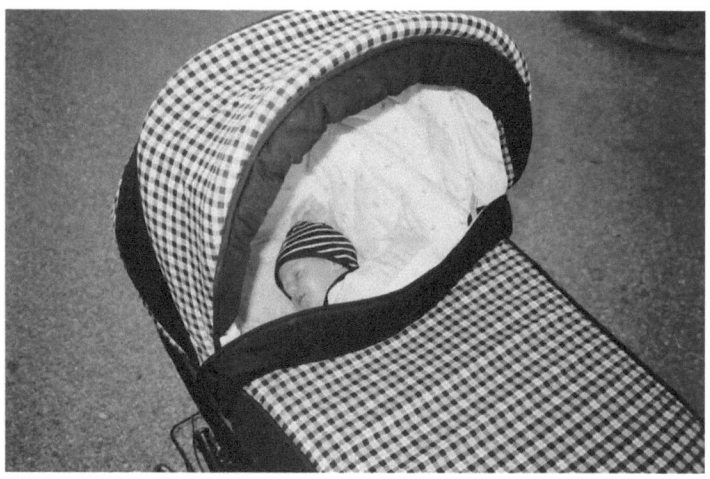

Die Angst saß mir im Hinterkopf, er könnte vor Hunger zu wimmern anfangen und ich müsste mit ihm nach Hause eilen. Während andere junge Mütter ihre Kinder im Park stillten, kam dies für uns nicht in Frage. Wir fuhren nirgendwohin zu Besuch. Jeden Besucher in unseren vier Wänden empfand ich als zusätzliche Last. Keiner half, niemand zeigte Verständnis für meine Bedenken, nicht einer sah das, was ich zu sehen glaubte: Dass etwas nicht stimmte. Was es war, offenbarte mir unbewusst eine andere Mutter bei der regelmäßigen Kontrolle in der Mutterberatungsstelle.

Ihr Sohn lag auf dem Wickeltisch neben meinem Phillip und sie bemühte sich vergeblich, ihn aus dem Strampler zu bekommen. Mit Händen und Füßen schlug er um sich, als ginge es um sein Leben.

„Schau", sagte sie zu ihm, „wie der andere Junge ruhig liegt."

Und in dem Moment wurde es mir klar: Das, was mit Phillip nicht stimmte.

Immer wieder wurde uns im Krankenhaus nahegelegt, die Kinder nicht unbeaufsichtigt auf dem Wickeltisch liegen zu lassen. Eine kräftige Bewegung würde reichen, damit sie über die Kante rollten. Bei jedem Wickeln wunderte ich mich über diese Ermahnung, denn Phillip machte nie den Anstand, sich auch nur ansatzweise zu rühren. So, wie ich ihn hingelegt hatte, so lag er die ganze Zeit. Das war mir bewusst und trotzdem dachte ich, es sei in seinem Alter noch normal. Das war von Anfang an so und da es im Krankenhaus täglich Säugling-Visiten gab, mussten es die Kinderärzte auch gesehen haben.

Bis zuletzt hatte keiner von ihnen dieses Verhalten bemängelt. Ich hatte es ja schriftlich. Ein gesundes Kind.

Aber ein gesundes Kind, das nicht strampelte. Phillip wehrte sich nicht. Egal, was ich mit ihm anstellte. Der fremde Junge brüllte wie am Spieß. So eine Lautstärke war ich von unserem Sohn nicht gewohnt. Er wimmerte nur, oder lächelte. Glucksen bekam ich auch keines von ihm zu hören. Er bewegte seine Händchen, hob die Finger gerade so noch bis zum Mund. Aber seine Beine lagen stets auf der Unterlage. Während der andere Junge angespannt war wie eine Sprungfeder, fühlte sich Phillip an wie eine Stoffpuppe.

Also stellte ich dem Kinderarzt folgende Frage: „Wann fängt unser Sohn endlich zu strampeln an? Wann wird er die ersten Versuche starten, den Kopf anzuheben? Ihn zu drehen? Sich in der Bauchlage mit den Händen hochstemmen?" Ich wies ihn sofort darauf hin, dass ich mich mit Worten – er ist wohl gerade müde – nicht mehr abspeisen lassen würde.

Wahrscheinlich war es die Tatsache, dass ich direkt darauf hinwies, anstatt ständig nur über die miese Nahrungsaufnahme zu jammern. Plötzlich gab mir der Arzt recht und verwies mich an seinen befreundeten Physiotherapeuten.

Das war nicht der Rat und schon gar nicht die Hilfe, die ich mir erwartet hatte. Ich brauchte Unterstützung beim Stillen, damit Phillip endlich Lust aufs Essen bekam. Egal wie ich argumentierte. In Wirklichkeit wollte ich zu hören bekommen, dass er ein Spätzünder war. Ich wollte Tricks gezeigt bekommen, damit ich ihn zu mehr Aktivität animieren konnte. Ich wollte mein Kind nicht jemandem präsentieren, der meine Vermutung bestätigte, oder mir gar sagte: „Ihr Kind ist behindert."
Aber genau das sollte passieren.

*

Ein dreifacher Vater ungarischer Abstammung brachte mit einem Satz den Stein ins Rollen. Ich zog unseren Sohn bis auf den Body aus und legte ihn vor den Therapeuten auf die Turnmatte.
Er beobachtete ihn eine Weile, während Phillip ruhig dalag, streifte mit den Fingern über seine Glieder, versuchte seine Beine angewinkelt aufzustellen. Sofort plumpsten sie matt zurück auf die Matte.
„Es sieht nach einer Muskelschwäche aus."
Vor meinem geistigen Auge erschien ein Rollstuhl.

Der Physiotherapeut schlug uns vor, zwei bis drei Mal in der Woche zu ihm zu kommen, damit er Phillips Muskelapparat mit bestimmten Übungen mobil machte. Des Weiteren empfahl er uns, dringend Doz. Bernert aufzusuchen. Den Vorstand des Preyer'sches-Kinderspitals – einen Experten für Muskelerkrankungen.

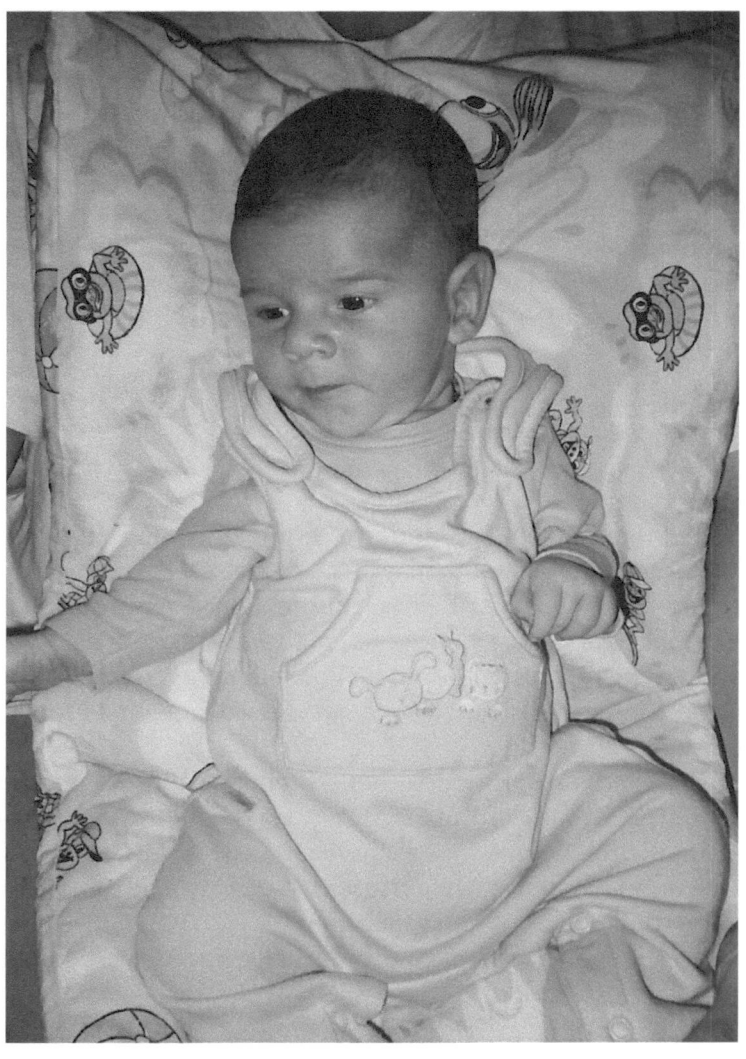

November 2004

Leider war Doz. Bernert ein gut gebuchter Arzt. Der Termin, den ich bekam, sollte erst in zwei Monaten stattfinden. In dieser Ungewissheit konnte und vor allem wollte ich nicht so lange ausharren. Am 4. November 2004 begab ich mich samt Mann und Kind in das Krankenhaus, in dem ich unseren Sohn entbunden hatte. Schließlich war ich keine paranoide Mutter mehr und konnte sagen: „Der Physiotherapeut schickt uns."

*

Die Untersuchung dauerte kurz und das Ergebnis fühlte sich an wie ein Schlag ins Gesicht. Der Arzt äußerte den Verdacht auf Muskeldystrophie. Ja, ich wollte endlich Klarheit haben. Nur konnte ich nicht fassen, dass es plötzlich so rasend schnell ging. Vor allem, weil sich zwei lange Monate die ganze Welt weigerte, meinen Verdacht ernst zu nehmen.

Muskeldystrophie. Ich hatte keine Ahnung, was es bedeutete. Aber es fühlte sich herzzerschmetternd an. Vor meinem geistigen Auge schwebte erneut ein Rollstuhl und mein Verstand weigerte sich auch deshalb fortwährend, diese Diagnose anzunehmen.

Welch egoistischer Gedanke! Aber nein, ich wollte kein behindertes Kind.

Von der Ambulanz aus wurden wir direkt stationär aufgenommen, um dem Verdacht auf den Grund zu gehen. Ich konnte mir gar nicht ausmalen, was uns erwartete und vor allem nicht, was unser Sohn alles über sich ergehen lassen müsste.

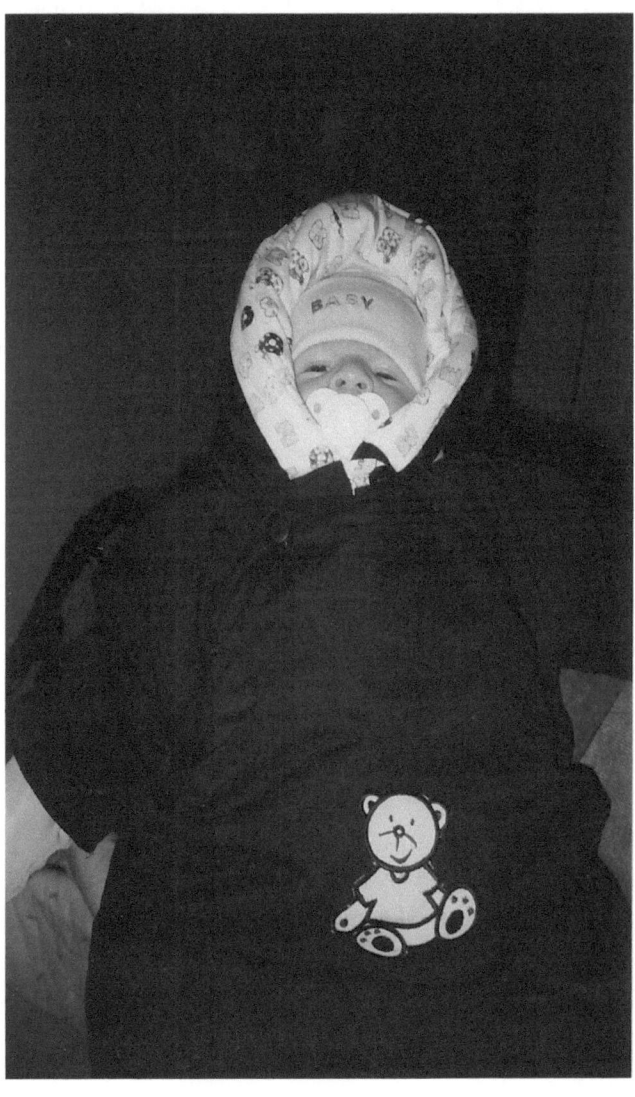

Gleich die Ergebnisse der ersten Blutabnahme brachten ein geschwächtes Immunsystem ans Tageslicht. Während des Winters, bis in den April, sollte Phillip monatlich Synagis gespritzt bekommen.

Phillip bekam seine erste Dosis gleich im Krankenhaus. Was man mir dabei verschwieg, darüber klärte mich später unser Kinderarzt auf. Das Immunisierungsmittel kostete ein kleines Vermögen – pro Impfung ca. 1.250,- € und die Krankenkasse weigerte sich, die Kosten zu übernehmen. Unser Sohn war kein Frühchen und gehörte auch zu keiner anderen der aufgelisteten Risikogruppen.

Trotz der Gewichtsabnahme entsprach er von der Größe und dem Gewicht immer noch der aktuellen Statistik, auf die man sich bei der Beurteilung bezog. Da half auch kein Verdacht auf Muskelschwäche. Sein bereits diagnostiziertes schwaches Immunsystem spielte für den Chefarzt keine Rolle. Die entscheidungstreffenden Personen beim Krankenversicherungsträger sahen bei unserem Sohn nicht die Notwendigkeit dieses Arzneimittels.

Es stellte uns zu diesem Zeitpunkt vor ein unlösbares Problem. Wir wussten nicht, wie wir jedes Mal für die monatliche Impfung diese Summe aufbringen sollten. Trotz der regelmäßigen persönlichen Interventionen unseres Kinderarztes blieben die Zuständigen der Krankenkasse bei ihrer Entscheidung.

Uns blieb genau ein Monat Zeit, um eine andere Lösung zu finden.

Synagis ist ein Pulver und Lösungsmittel zur Herstellung einer Injektionslösung. Es enthält den Wirkstoff Palivizumab. Der Impfstoff dient zur Vorbeugung von Erkrankungen der unteren Atemwege, die Krankenhausaufenthalte notwendig machen.

Zu Risikogruppen gehören:
- *Kinder unter sechs Monaten, die fünf oder mehr Wochen zu früh (in der 35. Schwangerschaftswoche oder früher) geboren wurden;*
- *Kinder unter zwei Jahren, die innerhalb der letzten sechs Monate wegen bronchopulmonaler Dysplasie (abnormes Lungengewebe, das in der Regel bei Frühgeborenen auftritt) behandelt wurden;*
- *Kinder unter zwei Jahren, die mit einer schweren Herzerkrankung geboren wurden.*

Das Arzneimittel ist verschreibungspflichtig und kostet für die Risikogruppen lediglich die Rezeptgebühr.

Die Saison der Atemwegsinfekte dauert auf der nördlichen Halbkugel von November bis April. In dieser Zeit wird Synagis einmal pro Monat verabreicht. Sofern möglich, sollte die erste Dosis bereits vor Beginn dieser Zeit verabreicht werden. Injiziert wird in den Oberschenkel.

Der Wirkstoff in Synagis, Palivizumab, ist ein monoklonaler Antikörper. Ein monoklonaler Antikörper ist ein Antikörper (eine Proteinart), der speziell entwickelt wurde, um eine bestimmte Struktur (ein sogenanntes Antigen) zu erkennen und daran zu binden. Palivizumab wurde so konzipiert, dass es an ein Protein namens „Fusionsprotein A" an der Oberfläche des RSV (Respiratory-Syncytial-Virus) bindet. Dadurch kann das Virus nicht mehr in die Körperzellen, insbesondere in die der Lunge, eindringen. Dies trägt dazu bei, eine RSV-Infektion zu verhindern.

(Quelle: https://www.g-f-v.org/sites/default/files/Palivizumab-Stellungnahme-Kom_AVT-GfV-2016-09-01.pdf)

Nach der ersten Blutabnahme begleitete man uns in ein Mutter-Kind-Zimmer. Dieses war noch besetzt. Eine Mutter und ihr Sohn warteten auf ihre Entlassung. Der Junge war seit der Geburt geistig und körperlich behindert. Wie mir die Mutter während der Wartezeit erzählte, lag es an der Geburt selbst, nicht an den Genen oder am Verlauf der Schwangerschaft.

Der Junge – Florian – war mittlerweile im Schulalter. Geistesabwesend lag er im Bett. Sein Gesicht war zu einer Grimasse verzogen, die Arme und Beine waren willkürlich verdreht.

Während sie mir ihre Geschichte erzählte, zog sie eine breiige Nahrung in eine Spritze auf und fütterte ihn damit. Sie spritzte sie ihm nicht in den Mund, sondern durch einen dünnen Schlauch, direkt durch die Bauchdecke in den Magen. Sie lächelte die ganze Zeit und vergaß nicht, in jedem zweiten Satz zu erwähnen, wie sehr sie ihn liebte und dass er ihr Ein und Alles war.

So etwas hatte ich noch nie davor erlebt. Ihr Einsatz und diese Gefühle waren ganz neu für mich und fühlten sich für mich sehr befremdlich an. Auf der einen Seite bewunderte ich sie für ihre Art, wie sie mit ihrem Sohn umging und wie sie ihren gemeinsamen Alltag meisterte. Gleichzeitig sträubte sich etwas in mir dagegen. In so einer Lebenslage wollte ich mich nie vorfinden, auch nicht etwas Derartiges oder auch nur Annäherndes erleben. Ich konnte mir nicht vorstellen, mit einem Schicksal wie diesem umgehen zu können. Meine Vorstellung vom Leben, von meiner Zukunft ging in eine ganz bestimmte Richtung. Bewegung war großgeschrieben. Die Pflege eines behinderten Kindes gehörte nicht dazu. Vor allem nicht nach meiner gescheiterten ersten Ehe.

Mein geschiedener Mann war gehbehindert. Seit früher Kindheit litt er an spastischen Lähmungen. Nach einem Unfall im Alter von 14 Jahren konnte er mit Krücken nur noch kurze Entfernungen zurücklegen. Während unserer Ehe lag alles an mir. Nicht nur der gemeinsame Haushalt. Neben der Ehefrau wurde ich auch seine persönliche Sekretärin und erledigte seine sämtlichen Behördengänge. Außerhalb unserer vier Wände waren wir nur mit dem Wagen unterwegs. Ein Spaziergang mit dem Rollstuhl kam für ihn nicht in Frage, weil er sich angestarrt vorkam, und glaubte, man würde hinter seinem Rücken über ihn tuscheln. Zum Schluss stieg er aus dem Auto gar nicht mehr aus. Wie ein Bote wurde ich immer und überall hingeschickt. Sogar sein Charakter und Verhalten änderten sich im Laufe unserer Beziehung. Am Ende behandelte er mich gar wie diesen Boten. Als wäre ich seine Angestellte, sein Dienstpersonal. Dementsprechend verfügte er über mich und schikanierte mich herum. Noch Jahre nach unserer Scheidung zuckte ich beim Anblick eines Rollstuhls jedes Mal zusammen. Nach dieser Erfahrung mied ich den Kontakt zu körperlich behinderten Menschen und ging jedem Rollstuhlfahrer aus dem Weg.

Nichts von dem, was ich während dieser Jahre erlebte, wollte ich jemals wieder durchmachen müssen ...

Die gute Laune, der Optimismus und die Freundlichkeit der Frau – Florians Mutter – hat mich sehr berührt.

Nachdem wir endlich alleine im Zimmer waren, war es Zeit für das Mittagsfläschchen. Zum allerersten Mal bekam ich Unterstützung bei der Verabreichung des Fläschchens. Ich fühlte mich bestärkt in meinen Fähigkeiten, weil ich merkte, dass es der Krankenschwester alles andere nur nicht leicht gefallen war. Während sie sich bemühte, Phillip satt zu bekommen, erzählte sie mir von der Möglichkeit der künstlichen Ernährung. Ich blockte sofort ab. Ein Loch im Bauch wollte ich meinem Kind nicht antun. „Nein!", wandte sie ein. Es gab auch noch die Sonde, die durch die Nase geführt wurde. Eine harmlose Variante, aber davon wollte ich auch nichts hören. Ich befürchtete, einmal damit angefangen, würde ich meinen Sohn niemals mehr dazu bringen, selbständig zu trinken. Ohne jede Anstrengung den Hunger und Durst gestillt zu bekommen – dabei könnte er sogar den schwachen Schluckreflex, den er besaß, *verlernen*.

Den Rest des Nachmittags verbrachte ich mit meinem Sohn alleine im Zimmer. Erst am Abend bekamen wir Gesellschaft. Nicht nur die Frau war wesentlich jünger als ich. Der kleine Säugling in ihren Armen war erst einige Tage alt. Aus heiterem Himmel hörte er plötzlich auf zu atmen und fing erst nach ewigen Schrecksekunden wieder damit an. Sie war verstört und panisch, was ich nachvollziehen konnte. Nur während ich eine gewisse Ruhe behielt und die Ärzte schalten und walten ließ, schimpfte sie mit dem Krankenhauspersonal und hetzte alle herum. Nur mit Mühe konnte man sie dazu überreden, die Nacht zur Beobachtung zu bleiben. Und nachdem die Blutuntersuchung nichts ergab und die Nacht auch ohne Vorfälle vergangen war, packte sie ihre sieben Sachen zusammen und rannte regelrecht davon.

Ich hatte zwei Mütter kennengelernt, die unterschiedlicher nicht sein konnten. Wo auf der Messlatte zwischen den beiden befand ich mich?

Ich wusste es nicht. Ich wusste rein gar nichts. Es gab keine Erfahrungswerte und eben auch kein Wissen, auf die ich hätte zurückgreifen können.

Trotz der mühsamen Monate, in denen mir keiner Glauben schenkte und sogar die Götter in Weiß auf ihre geschulten Augen blind waren, vertraute ich auf die

Schulmedizin und auch auf das Bemühen der Ärzte. Ich verließ mich auf den Eid, den sie geleistet hatten. Ich wartete geduldig auf die Hilfe, die uns zustand und erwartete den Respekt, als Selbstverständlichkeit für den Respekt, den ich ihnen entgegenbrachte. Brav folgte ich jeder Anweisung und absolvierte mit Phillip jede Untersuchung, die sie uns vorschlugen.

Der Ultraschall vom Oberbauch und Unterbauch wies keine Auffälligkeiten.
Der CT ergab keinen Hinweis auf gesteigerten Hirndruck.
Der MR war altersentsprechend und unauffällig.
Das Thoraxröntgen präsentierte keine pathologischen Veränderungen.
Die Zwerchfellsonographie zeigte unauffällige Beweglichkeit beider Zwerchfellkuppen.
Das Einschlaf- und Schlaf-EEG waren normal und altersentsprechend.
Das EKG brachte kein negatives Ergebnis.
Die Chromosomenuntersuchung lieferte einen normalen männlichen Chromosomensatz mit Normalvariante.

Mit jedem positiven Ergebnis wuchs meine Hoffnung auf eine verzögerte Entwicklung. Mit einem Spätzünder und regelmäßigen Therapiestunden würde ich gut leben können.
Die Reihe der Untersuchungen hatte jedoch mit den leichtesten und harmlosesten angefangen und bewegte sich in eine Richtung, bei der ein negatives Ergebnis verheerende Folgen haben könnte.
Meine Hoffnung wurde immer öfter von ansteigender Panik abgelöst.

Die Elektrophysiologie beurteilte die NLG als verlangsamt, die SBA als vermindert und die F-Wellen-Latenz als

35

grenzwertig. Dies wurde mir so erklärt: Die Nervenlaufbahn von den Beinen ins Gehirn funktionierte nicht ordnungsgemäß. Die gesendeten Signale kamen im Gehirn zu spät, bzw. gar nicht an.

Da war er wieder – der Rollstuhl vor meinem geistigen Auge. Während ich mich mit dem Gedanken an ein Kind im Rollstuhl auseinandersetzte und mich fragte, ob daran eine Physiotherapie etwas ändern könnte, konfrontierten mich die Ärzte mit einem neuen Verdacht: spinale Muskelatrophie.

Klarheit sollte die Muskelbiopsie vom rechten Oberschenkel bringen.

Die eine Nervenlaufbahn betreffend hoffte ich, dass sich so etwas mit der Zeit verändern könnte. Ob mit Medikamenten, Übungen oder einfach im Verlauf des Wachstums. Der Begriff Spinale Muskelatrophie sagte mir absolut nichts. Ich fragte nach und bekam folgende kurze Erklärung: Ein SMA-Mensch wird nie laufen können, nicht einmal selbständig sitzen können.

Ich hörte nur: „Rollstuhl ... Rollstuhl ..."

Dann tauchte in meinem Kopf eine ganz andere Frage auf.

„Kann denn Phillip später gesunde Kinder bekommen?" Schließlich hatte noch niemand erwähnt, woher diese Krankheit gekommen und ob sie vererbbar war.

Der Gesichtsausdruck der Ärztin hat sich bis heute in mein Gehirn eingebrannt. Sie wurde blass und ihre Augen riesig. Es dauerte einige Augenblicke, bis sie mir antwortete.

„So weit kommt es nicht. Die SMA-Kinder erreichen das Alter der Geschlechtsreife meist nicht ..."

Sprachlos ließ sich mich in dem Krankenzimmer mit meinem Sohn alleine zurück.

Kaum war die Tür hinter ihr zu, fing ich an zu heulen. Ein Schock? Ein Zusammenbruch? Oder einfach nur Verzweiflung und Angst? Ich starrte meinen wunderschönen Sohn an, plärrte mir die Seele aus dem Leib und fragte mich, warum gerade mir – uns so etwas passieren musste ...

Reichte meine Kindheit mit einem despotischen Vater nicht? Sollte er tatsächlich recht haben und ich würde in meinem ganzen Leben nie etwas zustande bringen? War ich tatsächlich so unfähig, dass ich nicht einmal ein gesundes Kind auf die Welt bringen konnte?

Waren die vergangenen sieben Jahre Ehe voller Erniedrigung, öffentlicher Demütigung, Eifersuchtsszenen und Verfolgung auf Schritt und Tritt nicht genug? Hatte ich tatsächlich kein Glück im Leben verdient? Vom Regen in die Traufe, von einem Leid ins nächste? Was hatte ich denn verbrochen? Warum sollte ich so gestraft werden?

Warum gerade ich und vor allem – warum ausgerechnet mein Sohn? Viele Eltern schoben ihre Kinder ab, misshandelten sie, oder brachten sie sogar um. Mein Kind war ein absolutes Wunschkind.

Ich verstand die Welt nicht mehr.

Gott? Dies war für mich der Beweis, dass es keinen gab. Gäbe es einen, würde er bestimmt nicht zulassen, dass ein kleines unschuldiges Wesen so ein Schicksal erleiden musste.

Mein Exmann schwor mir bei der Scheidung, ich würde bis in alle Ewigkeiten keine Ruhe mehr finden. War es etwa ein Fluch? Sollte mich täglich der Anblick meines schwer- und todkranken Sohnes an ihn erinnern?

Ich flehte alle Elemente an, von denen ich jemals gehört hatte, damit die Biopsie ein gutes Ergebnis brachte. Gleichzeitig sprach ich in meinen Gedanken einen anderen Wunsch aus. Sollte Phillip tatsächlich dieses SMA-Leiden haben, möge sein Leid bereits in der Narkose der

bevorstehenden Operation ein Ende finden.
Kaum gedacht, hasste ich mich selbst für diesen Gedanken. Noch immer konnte ich mir ein Leben mit einem behinderten Menschen nicht vorstellen.

Weil Phillip regelmäßig blau um die Nase wurde, was die Ärzte als periorale Zyanose bezeichneten, bekamen wir einen Crashkurs in Reanimationsmaßnahmen bei Säuglingen und wurden nach zwei Wochen Krankenhausaufenthalt mit einem Überwachungsheimmonitor nach Hause geschickt.

Zyanose bedeutet eine bläuliche Hautverfärbung infolge von Sauerstoffmangel im Blut, meist die Folge eines bestehenden angeborenen Herzfehlers. Dabei fließt ein Teil des sauerstoffarmen Blutes, das aus dem Körper zum Herz zurückkehrt z. B. nicht in die Lunge, um dort Sauerstoff aufzunehmen, sondern durch ein Loch in der Scheidewand direkt vom rechten in den linken Teil des Herzens zurück in den Körperkreislauf. (Quelle: https://www.herzstiftung.de/lexikon.html#O)

Perioral bedeutet die Stelle, wo die Zyanose auftritt, und zwar um den Mund herum.

*

Das Ergebnis der Muskelbiopsie stand noch aus. Mit einem Verdacht, aber ohne konkrete Diagnose, verließen wir nach zwei Wochen das Krankenhaus.
Wie Zeitreisende, Besucher aus einer fremden Galaxie,

standen wir vor dem großen Gebäudekomplex und blickten wie durch einen Nebel in die Realität und die war – wie immer.

Obwohl unser Leben in Trümmern lag, die sich jeden Augenblick in Asche verwandeln konnten, war die Welt vor den Krankenhausmauern noch genau so, wie an dem Tag, als wir hierhergekommen waren. Noch heute staune ich über mich selbst, weil ich tatsächlich erwartete, die Welt würde aufhören sich zu drehen. Ich war bitter enttäuscht, als wir nach Hause kamen und niemand auf uns wartete, um uns in Empfang zu nehmen. Uns in die Arme zu schließen. Uns zu bedauern, eine Schulter zum Weinen anzubieten. Eine helfende Hand zu reichen, unsere Fragen zu beantworten, Ratschläge zu erteilen. Und vor allem – um uns Mut zuzusprechen. Niemand, der ein Rezept parat hätte, wie wir den Alltag meistern sollten.

Eigentlich hätte ich genau dies erwarten müssen, denn mein Mann bekam von mir die strikte Anweisung, niemandem etwas von unserem Krankenhausaufenthalt zu erzählen. Bis auf meine Eltern, die im Ausland wohnten, war niemand informiert. Ein Baby wäre zwar jedem einen regelmäßigen Besuch wert gewesen, aber keiner wollte pausenlos mit den Sorgen konfrontiert werden, die ich mir fortwährend machte und aus diesem Grund blieb man uns fern.

Insgeheim hoffte ich dennoch, irgendjemand hätte uns innerhalb dieser zwei Wochen vermisst und sich Gedanken gemacht.

Dem war nicht so.

Als ich nach der ersten Nacht, die ich seit langem wieder in meinem eigenen Bett verbrachte, die Augen öffnete, hoffte ich, aus dem Albtraum erwacht zu sein.

Aber der Albtraum setzte sich fort.

Ich wünschte mir innigst, die Welt würde anhalten, oder zumindest die Zeit bliebe stehen, bis wir eine Lösung gefunden hatten. Stattdessen schien sie sich noch schneller zu drehen und ich bekam bald den Eindruck, die Tage bestünden nur noch aus Mahlzeiten. Mein, noch vor der Schwangerschaft, sorgfältig durchdachter Plan bekam Risse und bröckelte auseinander, wie ein altes Teegebäck. Zudem waren wir noch kein bisschen schlauer als vor vierzehn Tagen.

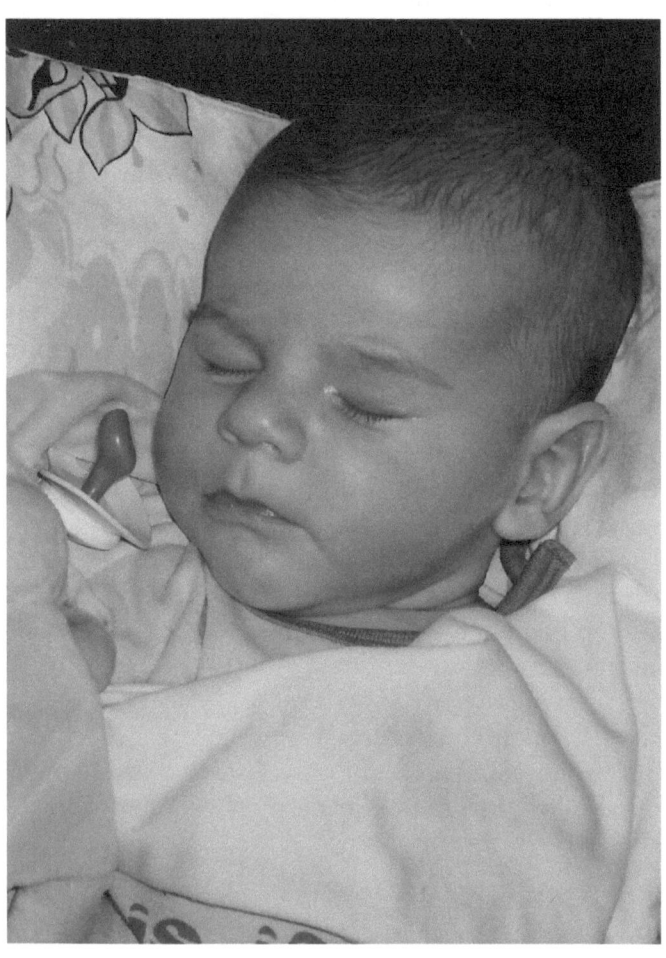

An Phillips Trinkverhalten änderte sich nichts. Unser Kinderarzt empfahl uns schließlich, die Nahrung mit Maltodextrin anzureichern, damit wir ihm mit einer kleineren Portion eine größere Energiemenge zufügten.

Maltodextrin ist Zucker, und zwar: Maltose (Malzzucker) und Dextrose (Traubenzucker, Glucose).

Die Transporte im Maxi-Cosi stellten uns vor das nächste Problem. In der festen Schale war Phillips Brustkorb zusammengedrückt. Da die Lunge ebenso ein Muskel ist, war auch diese von der Schwäche betroffen und besaß deshalb nicht ausreichend Kraft, um sich in dieser Stellung zu dehnen. Er bekam immer wieder Atemnot, wurde sogar regelmäßig während der Autofahrt ohnmächtig. Der Kinderarzt bestätigte uns die Notwendigkeit der Transporte in liegender Position. Die Wiener Gebietskrankenkasse sah das allerdings anders.

Unser Sohn war zu klein und konnte von einem Erwachsenen getragen werden. Oder im Kinderwagen mit der Schnellbahn zum Physiotherapeuten gefahren werden. Und das im Winter, in Zügen voller Erkältungs- und Grippeviren. Abgesehen von der Entfernung, die zwischen unserem Haus und der hiesigen Bahnstation lag, genauso wie zwischen dem Bahnhof und dem Physiotherapeuten. Dreimal pro Woche, hin und zurück, diese Strecke war bei diesen Witterungsbedingungen sogar für mich als Erwachsene ohne Auto unzumutbar.

Und dann gab es doch noch jemanden, der Verständnis zeigte ...

Nach der Geburt habe ich mich schriftlich dazu ver-
pflichtet, mein Arbeitsverhältnis fortzusetzen, sobald der
Mutterschutz erlischt. Mittlerweile war sogar mein Rest-
urlaub verbraucht und mir stand die Rückkehr in einen
geregelten Arbeitsalltag bevor.

Während des Krankenhausaufenthaltes erhielt ich
einen Anruf von der Mitarbeiterin der Personalabteilung.
Meine Gedanken kreisten noch um den angsteinflö-
ßenden Vorgang der MRT-Untersuchung. Zuerst konnte
ich mich gar nicht auf ihre Worte konzentrieren. Sie
wiederholte es ein zweites Mal, bis ich begriff: Die
Geschäftsleitung gewährte mir nachträgliche Karenz und
verschob meinen Arbeitsbeginn auf den 1. Februar 2005.
Abgesehen von der Unterstützung meiner Mutter war
dies die erste Hilfe von außen. Hilfe, mit der ich nicht
gerechnet hatte, an die ich nicht einmal gedacht und
schon gar nicht gehofft hatte. Mit dieser Regelung
gewann ich Zeit. Ich konnte mich mit unserer Situation
auseinandersetzen, mich informieren, mich darauf einstel-
len und alles Notwendige in Ruhe regeln.

Dezember 2004

Bei unserem ersten Krankenhausaufenthalt hörte ich von der Möglichkeit einer Magensonde. Damals, aber auch wenige Wochen später, wollte ich von künstlicher Ernährung nichts wissen. Das Bild vor Augen, wie diese fürsorgliche Mutter ihren geistig und körperlich behinderten Florian fütterte, versetzte mich nach wie vor in Schrecken. Unsere Diagnose stand zu diesem Zeitpunkt immer noch aus.

Mein Sohn bewegte sich nicht. Das war aber auch der einzige Makel. Ich weigerte mich, seinen Zustand als Behinderung anzusehen, allenfalls als eine Krankheit. Und ein Schlauch, der ihm aus der Nase hing, passte nicht in meine Vorstellung. Weiterhin bemühte ich mich, ihm mit allen Mitteln ein uneingeschränktes Leben zu ermöglichen. Mindestens so eines, das meinen Vorstellungen von einem uneingeschränkten Leben entsprach.

Nach einem weiteren Monat sah ich es allerdings ein. Besser gesagt, ich gab auf. Es ging nicht anders. Egal, wie ich mich dagegen wehrte und wie sehr ich mich anstrengte. Der Verlauf der Nahrungsaufnahme wurde immer anstrengender. Nicht nur für mich – vor allem für Phillip.

Den Rest der Zeit, die mir nach der Physiotherapie noch blieb, verbrachte ich mit der Vorbereitung der Mahlzeiten und der anschließenden Nahrungsverabreichung. Aller Aufwand half nichts. Egal wie viele Tränen ich vergoss und trotz all meiner Tobsuchtsanfälle, als ich mir meiner Machtlosigkeit bewusst wurde.

Inzwischen war mir klar, dass Phillips Wimmern

nichts mit Trotzen oder der Weigerung zu trinken zu tun hatte. Mein Sohn jammerte vor Hunger. Ihm fehlte die Kraft, um an der Flasche zu saugen. Und er nahm weiter ab. Unser Kinderarzt hatte auch keinen Rat mehr auf Lager. Als letzten Ausweg sah ich einen Termin in der Privatpraxis der Neonatologin aus unserem Krankenhaus.

*

Es war der 7. Dezember 2004, ziemlich spät am Abend. Wir erhofften uns konkrete Vorschläge, um die Situation rund um die Mahlzeiten endlich in den Griff zu bekommen. Erneut wurden wir mit dem bereits bekannten Spruch abgespeist: „Für sein Alter und Größe entspricht sein Gewicht der Norm." Was nutzte uns die Statistik, wenn unser Kind vor Hunger nicht schlafen konnte? Enttäuscht und frustriert wollten wir uns schon auf den Heimweg machen, als es passierte …

Der Berufsverband Deutscher Humangenetiker e. V. empfiehlt, die Ergebnisse von genetischen Diagnosen im Rahmen einer genetischen Beratung mitzuteilen.

Wir haben das Ergebnis an diesem Abend erfahren. Und das zwischen Tür und Angel. Die Ärztin informierte sich vor unserem Besuch bei ihr im Krankenhaus und teilte uns beim Abschied die endlich feststehende Diagnose mit. Die Biopsie hatte die Diagnose Spinale Muskelatrophie bestätigt. Es handelte sich um den Typ I Hoffmann-Werdnig. Wir wurden weder aufgeklärt, noch

bekamen wir von ihr irgendwelche Ratschläge oder konkrete Verhaltensanweisungen. Wir wurden einfach nur
nach Hause geschickt. Und bewusst fanden wir uns erst
dort wieder.

Bis heute weiß ich nicht, wie wir dort hingekommen
sind ...

WTF ist SMA?

Spinale Muskelatrophie ist eine Motorneuronenerkrankung, d. h. eine Erkrankung der Nervenzellen, die für die willkürlichen Bewegungen der Muskulatur, wie Krabbeln, Laufen, Kopf- und Halskontrolle sowie Schlucken, zuständig sind. Es ist eine relativ häufige „Seltene Erkrankung". Ungefähr eines von 6.000 Neugeborenen ist betroffen und ungefähr eine von 40 Personen ist Überträger der Erkrankung.

SMA beeinträchtigt alle Muskeln des Körpers, obwohl die so genannten proximalen Muskeln (die dem Rumpf am nächsten sind, z. B. Schulter-, Hüft- und Rückenmuskulatur) oft am schwersten betroffen sind. Die Schwäche in den Beinen ist im Allgemeinen größer als in den Armen. Es kann auch die Kau- und Schluckmuskulatur betroffen sein. Die Beteiligung der Atemmuskulatur (die für die Atmung und das Abhusten zuständig ist) kann zu einer erhöhten Anfälligkeit für Lungenentzündungen und anderen Problemen mit der Lunge führen. Sinneswahrnehmungen und die Hautsensibilität sind nicht betroffen. Die intellektuellen Fähigkeiten sind ebenfalls nicht betroffen. Es wird im Gegenteil oft beobachtet, dass Patienten mit SMA ungewöhnlich geistig wach und kontaktfreudig sind.

Man kann die Patienten grob in vier Kategorien einteilen. Diese Einteilung beruht auf bestimmten Meilensteinen in der motorischen Entwicklung, die der Patient erreicht hat.

Wodurch wird Spinale Muskelatrophie verursacht?

SMA ist eine autosomal rezessive genetische Erkrankung. Damit ein Kind an SMA erkranken kann, müssen beide Eltern Träger des veränderten Gens sein und beide müssen dieses Gen an das Kind weitergeben. Auch wenn beide Eltern Überträger sind, liegt die Wahrscheinlichkeit bei 25% oder 1:4, dass ein Kind erkrankt.

Einer Person mit SMA fehlt das SMN1-Gen oder es ist verändert (SMN1 oder „survival motor neuron", d. h. ein Gen, das für das Überleben von Motorneuronen zuständig ist). Dieses Gen produziert im Körper ein Protein, das Survival Motor Neuron (SMN) Protein. Dieser Mangel an Protein hat die größten Auswirkungen auf die Motorneuronen. Motorneuronen sind Nervenzellen im Rückenmark, die Nervenfasern zu den Muskeln des ganzen Körpers aussenden. Weil das SMN-Protein entscheidend für das Überleben und die Gesundheit der Motorneuronen ist, können diese Zellen bei Proteinmangel atrophieren, schrumpfen und schließlich absterben, was eine Muskelschwäche zur Folge hat.

Wenn ein Kind mit SMA in der Wachstumsphase ist, ist sein Körper doppeltem Stress ausgesetzt. Zunächst durch die Verminderung der Motorneuronen und dann durch den erhöhten

Bedarf an Muskel- und Nervenzellen infolge des Wachstums des Körpers. Die daraus entstehende muskuläre Atrophie führt zu Schwäche und Deformitäten der Knochen und der Wirbelsäule. Daraus kann ein weiterer Verlust an Funktion entstehen und eine zusätzliche Beeinträchtigung der Atmung.

Es gibt vier Typen von SMA: SMA I, II, III, und IV. Diese Einteilung des Typs der SMA basiert auf den Meilensteinen in der motorischen Entwicklung, die erreicht wurden. Es ist aber wichtig, sich darüber im Klaren zu sein, dass der Verlauf der Erkrankung bei jedem Kind verschieden sein kann.

Typ I

SMA Typ I wird auch Werdnig-Hoffmannsche Erkrankung genannt. Üblicherweise wird die Diagnose bei betroffenen Kindern vor Erreichen des 6. Lebensmonats gestellt, in der Mehrzahl der Fälle, bevor die Kinder den 3. Lebensmonat erreicht haben. Manchmal hat die Mutter schon in den letzten Schwangerschaftsmonaten eine Abnahme der Kindsbewegungen bemerkt.

Normalerweise kann ein Kind mit Typ I niemals auch nur den Kopf heben, geschweige denn andere normale körperliche Entwicklungsstufen der frühen Kindheit erreichen. Im Allgemeinen besteht nur eine sehr mangelhafte bis gar keine Kopfkontrolle. Die Beine werden nicht so kräftig bewegt, wie das sein sollte, und die Kinder können kein Gewicht mit den Beinen übernehmen. Sie erreichen nicht die Fähigkeit, ohne Unterstützung zu sitzen. Schlucken und die Aufnahme von Nahrung können erschwert sein und sind meist von einem gewissen Zeitpunkt an in Mitleidenschaft gezogen. Die Kinder können auch Schwierigkeiten beim Schlucken des eigenen Speichels haben. Die Zunge kann eine Atrophie zeigen, auch spontane kräuselnde Bewegungen oder ein feines Zittern, das man als „Fazikulationen" bezeichnet. Es besteht eine Schwäche der Zwischenrippenmuskeln, die normalerweise den Brustkorb erweitern, und der Brustkorb ist kleiner als gewöhnlich. Der stärkste Atemmuskel bei einem SMA-Patienten ist das Zwerchfell. Deshalb erscheint es so, als würden

SMA-Patienten mit ihren Bauchmuskeln atmen. Wegen dieser reinen Zwerchfellatmung erscheint die Brust eingesunken. Infolge dieser Atmungsweise entwickeln sich die Lungen nicht vollständig, der Hustenstoß ist sehr schwach. Während des Schlafs kann die Atmung so schwach sein, dass die normalen Sauerstoff- und Kohlendioxidwerte nicht aufrechterhalten werden können.

Typ II

Die Diagnose von Typ II wird fast immer vor Erreichen des 2. Lebensjahres gestellt. Die Mehrzahl der Fälle wird um den 15. Lebensmonat herum diagnostiziert. Kinder mit diesem Typ können ohne Hilfsmittel sitzen, sie brauchen jedoch meist Hilfe, um in die Sitzposition zu kommen. Bis zu einem gewissen Grad kann auch das Stehen möglich sein. Das kann mit Hilfe von Orthesen oder einem Stehbrett erreicht werden. Probleme mit dem Schlucken bestehen beim Typ II gewöhnlich nicht; das kann aber von Kind zu Kind verschieden sein. Für einige Patienten kann es schwierig sein, genug Nahrung auf normalem Weg aufzunehmen, um Körpergewicht und Wachstum aufrechtzuerhalten. Es kann dann notwendig werden, eine Nahrungssonde in den Magen durch die Bauchhaut zu legen.

Kinder mit SMA Typ II haben häufig Zungenfaszikulationen und haben ein feines Zittern in den ausgestreckten Fingern. Sie haben auch schwache Zwischenrippenmuskeln und atmen hauptsächlich mit dem Zwerchfell. Es können auch Probleme beim Abhusten auftreten und Schwierigkeiten, während des Schlafes den normalen Sauerstoff- und Kohlendioxidspiegel aufrechtzuerhalten. Eine Skoliose entwickelt sich nahezu immer während des Wachstums dieser Kinder. Das macht eine Operation oder eine Versorgung mit einem Korsett im Verlauf der Erkrankung erforderlich.

Die verminderte Knochendichte kann zu einer erhöhten Anfälligkeit für Knochenbrüche führen.

Typ III

Die Diagnose von Typ III, auch als Kugelberg-Welander oder als juvenile Form der Spinalen Muskelatrophie bezeichnet, ist viel variabler in ihrem Beginn. Die Diagnose kann schon im Alter von ungefähr einem Jahr gestellt werden oder erst im späteren Jugendalter. Typischerweise wird die Diagnose aber gestellt, bevor die Kinder den 3. Geburtstag erreichen.

Die Patienten mit Typ III können alleine stehen und laufen, sie können aber im Verlauf der Erkrankung Schwierigkeiten mit dem Laufen haben. Die frühen Meilensteine der motorischen Entwicklung sind oft normal.

Es kann jedoch sein, dass die Kinder beim Laufen sehr oft hinfallen oder es ihnen schwerfällt, von der Sitzposition oder aus einer vornübergebeugten Position zum Stehen zu kommen. Manchmal fällt auch auf, dass Rennen nicht möglich ist.

Bei Typ III kann auch ein feines Zittern der ausgestreckten Finger zu sehen sein, Faszikulationen der Zunge sind jedoch selten. Schwierigkeiten beim Essen oder beim Schlucken sind hier während der Kindheit ausgesprochen selten.

Personen mit Typ III können die Fähigkeit zu laufen in der Kindheit, während des Heranwachsens oder erst im Erwachsenenalter verlieren. Oft geschieht das im Zusammenhang mit einem Wachstumsschub oder einer Erkrankung.

Typ IV
(Beginn im Erwachsenenalter)

Bei dieser Erwachsenenform zeigen sich die ersten Symptome üblicherweise nach dem 35. Lebensjahr. Dass eine spinale Muskelatrophie zwischen dem 18. und 30. Lebensjahr diagnostiziert wird, ist ausgesprochen selten. Der Beginn im Erwachsenenalter ist wesentlich seltener als die anderen Formen. Diese Form ist definiert als Beginn der Schwäche nach dem 18. Lebensjahr und in den meisten bekannten Fällen lag der Beginn der Erkrankung nach dem 35. Lebensjahr. Typischerweise beginnt die Krankheit schleichend und schreitet nur sehr langsam fort. Die bulbären Muskeln, das sind die, die für das Schlucken gebraucht werden, und die Atemmuskeln sind beim Typ IV nur äußerst selten betroffen.

Patienten mit SMA verlieren typischerweise im Verlauf der Erkrankung bestimmte Funktionen. Das kann im Rahmen eines Wachstumsschubes oder einer Krankheit sehr rasch passieren oder auch ganz allmählich stattfinden. Die Erklärung für diesen Verlust an Funktion bleibt auch im Lichte neuerer Forschungsergebnisse unklar. Es kann beobachtet werden, dass Patienten mit SMA oft über einen längeren Zeitraum sehr stabil in ihren motorischen Funktionen sind, obwohl die Tendenz zum Verlust von Funktionen mit zunehmendem Alter bei allen vorhanden ist.

(Quelle: Families of SMA, www.fsma.org, 2005, Übersetzung: Inge Schwersenz)

*

Alle diese Einzelheiten waren uns nicht bekannt. Zu dieser Zeit verfügte unser Haushalt noch über keinen Internetanschluss. Bei all dem Stress kam mir der Gedanke gar nicht, sich die Zeit zu nehmen, um ein Internetcafé aufzusuchen. Und zugegeben – ich hoffte bis zuletzt, dass sich diese Vermutung nicht bestätigen würde und ich mich erst gar nicht informieren müsste und schob es auch deshalb ständig vor mir her.

Ich wusste über diese Krankheit nur so viel, wie uns unser Kinderarzt aus einem seiner Fachbücher vorgelesen hatte. Und zwar über das Essverhalten, die eingeschränkte Beweglichkeit, die Probleme bei der Sprachentwicklung und die kurze Lebenserwartung.

Erneut suchten wir Rat und Hilfe im Krankenhaus. Mir reichte die Prognose eines kurzen Lebens. Phillip sollte nicht schon vorher verhungern.

Ich stimmte der stationären Aufnahme zu und Phillip bekam seine weitere Synagisimpfung.

Um eine Impfung in der Kinderarztpraxis zu bekommen, hätten wir für die Kosten selbst aufkommen müssen. Die Krankenversicherung weigerte sich trotz der bestätigten Diagnose weiterhin, für die Kosten aufzukommen.

Noch im Zuge des Aufnahmegespräches erkundigte ich mich direkt nach der künstlichen Nahrungsaufnahme. Beim Abendfläschchen leistete uns eine Krankenschwester als Beobachterin Gesellschaft.

„Bei aller Liebe zu meinem Beruf ..." Nur mit Mühe hielt sie die Prozedur bis zum Schluss aus. „... aber das würde ich auf Dauer nicht schaffen. Ich bewundere Sie sehr für Ihre Ausdauer und Geduld."

Nur wollte ich weder bewundert noch gelobt werden. Hilfe und Unterstützung wären mir viel lieber gewesen. Darauf hoffte ich allerdings vergeblich. Was die Schwester sofort einsah, wollte die Ärztin weder sehen, noch davon hören. Auch die Kinderschwester ließ sich nicht mehr blicken und nach einigen Tagen bekam ich sogar das Gefühl, als würden mir zu den Zeiten der Mahlzeiten alle absichtlich aus dem Weg gehen.

Dafür saß eines Tages plötzlich unangemeldet eine klinische Psychologin in unserem Krankenzimmer. Hilfesuchend, naiv, aber immer noch hoffend, erzählte ich ihr von unserem Dilemma.

„Das ist so tragisch ...", seufzte sie in regelmäßigen Abständen mitfühlend.

Und ich? Ich hätte vor Zorn die Wände hochgehen können.

Es handelte sich um ein akutes Problem, das mich in das Krankenhaus geführt hatte. Ärztliche Hilfe – danach habe ich gesucht. Dass die Situation tragisch war, wusste ich bereits, bevor die Außenwelt darauf aufmerksam wurde. Sie erzählte mir also nichts Neues. Geseufzt habe ich immer wieder. Und nicht nur das. Ich verzweifelte und heulte wie ein Schlosshund. Rund um die Uhr vergoss ich bittere Tränen und fragte mich immer wieder nach dem Warum. Da nicht einmal sie mir eine Antwort auf diese Frage geben konnte, stahl sie mir mit ihrer Anwesenheit nur meine Zeit. Sie hielt mich von den Übungen ab, die ich mit meinem Sohn mehrmals am Tag durchführen musste, um seine mageren motorischen Fähigkeiten aufrechtzuerhalten.

Nach dem Besuch der Psychologin suchte ich sofort die zuständige Ärztin auf und wies sie mit Nachdruck darauf hin, dass ich niemanden brauchte, der mit mir mitjammert. Sondern jemanden, der mir beim Füttern hilft. Ich erinnerte sie auch daran, dass wir wegen einer Magensonde gekommen waren.

Die Sonde bekamen wir nicht. Dafür saß mir am nächsten Tag unerwartet eine Psychiaterin gegenüber. Ich war fassungslos.

Es war nicht mehr tragisch. Es war ja nichts Außergewöhnliches. Es gab ja viele Kinder, die lange Jahre nicht durchschliefen. Die nicht essen wollten. Einige lernten sehr spät laufen und sprachen erst im Kindergartenalter ihre ersten Worte. Nur, dass mein Kind bei diesem Essverhalten nie durchschlafen würde. Und abgesehen davon – auch kein Spätzünder beim Laufen oder Sprechen war. Mein Sohn sollte das alles nie lernen, nie beherrschen. So schlug ich ihre Argumente in den Wind und kassierte dafür ein Rezept für ein Antidepressivum. Ich war außer mir vor Wut. Die Ärztin war unvorbereitet gekommen, hatte sich über den Verlauf und die Auswirkungen dieser Krankheit nicht informiert. Sie verfügte nicht Mal über das magere Wissen, das ich mir inzwischen angeeignet hatte. Mich mit provokativer Intervention aus der Reserve locken? Diese Methode hätte vielleicht gefruchtet, wenn sie sich vorab informiert und mir während unseres Gesprächs zugehört hätte. Zum Beispiel, als ich von dem Heimmonitor sprach. Von all den Fehlalarmen, die dieses Gerät so oft in der Nacht schlug, dass ich aufhörte, es zu benutzen. Oder als ich über die vielen Therapiestunden sprach, zu denen ich drei Mal in der Woche mit dem Auto hinmusste. Hätte sie hierbei aufgepasst, hätte sie mir bestimmt keine Medikamente verschrieben, die schläfrig und damit verkehrsuntauglich machten. Auch in der Nacht fand ich keinen Schlaf.

Wie hätte ich meinen Sohn ohne Auto zum Physiotherapeuten bringen sollen, wenn sich die Krankenkasse weiterhin weigerte, die Krankentransportkosten zu übernehmen? Mein Sohn brauchte eine Impfung und verschiedenste Hilfsmittel, um ihm den Alltag zu erleichtern. Aber diese wurden vom Chefarzt nicht genehmigt. Dafür sollte ich Arzneimittel bekommen, die ich nicht wollte und auch nicht brauchte. Ich war erschöpft, überfordert und wütend. Aber ich fühlte mich nicht depressiv.

*

Rund um die Uhr kreiste der Gedanke in meinem Kopf: Ich will kein behindertes Kind. Immer wieder sprach ich ihn sogar laut aus. Aber weder die Psychologin noch die Psychiaterin waren darauf eingegangen. Dabei hätte mich die Konfrontation mit der einfachen Frage „Warum?" weitergebracht. Hätte ich den Grund dafür gekannt, hätte ich mir viel Grübeln erspart. Damals war ich einfach nur wütend. Auf diese zwei Frauen, die mir mit ihrer unnützen Anwesenheit viel Zeit gestohlen hatten. Auf die Ärzte, die mir zuerst keinen Glauben schenkten und auch nach der bestätigten Diagnose nicht wirklich mit Unterstützung glänzten. Vor allem aber auf die Welt, die so ungerecht zu mir war. Denn ich hatte schon viele Jahre mit einem behinderten Menschen verbracht, und wäre an dieser Beziehung fast zerbrochen.

Mein erster Mann rechtfertigte sein Verhalten mit seiner Behinderung. Es war sein gutes Recht so zu sein, wie er war. Das zu verlangen und zu bekommen, was er erwartete. Er fühlte sich von der ganzen Welt benachteiligt, weil er behindert war. Einerseits störte es ihn, wegen seiner Behinderung angestarrt zu werden. In solchen Situationen fühlte er sich nicht anders, als alle um ihn herum.
Andererseits schrie er förmlich in die Welt hinaus: „Seht her, ich bin körperlich benachteiligt, also kommt mir entgegen, behandelt mich bevorzugt und sprecht mir

Privilegien zu, um es auszugleichen." Er war nicht bereit, aus sich herauszugehen und sich seinem Umfeld so weit anzupassen, wie es ihm möglich gewesen wäre. Warum auch – er war schließlich behindert. Die Welt sollte auf ihn zukommen und vor ihm auf die Knie rutschen, um ihm im Rollstuhl auf Augenhöhe zu begegnen. Allen voran – ich.

Nach sieben Jahren Ehe assoziierte ich dieses Verhalten mit dem Begriff Behinderung und übertrug automatisch dieses Auftreten auf jeden Menschen mit einem körperlichen Handicap. Obwohl mein Sohn erst wenige Monate alt war, erwartete ich mit dieser Diagnose auch von ihm ein solches Benehmen, und wollte mich später nicht von ihm in der Öffentlichkeit wüst beschimpfen zu lassen. Und schon gar nicht geprügelt werden, nur weil ich die Wünsche anderer nicht von den Augen ablesen konnte, oder diese nicht voraussah.

Es dauerte lange, bis ich begriff, dass es erst nicht so weit kommen musste. Dieses Verhalten steckte in meinem Exmann, schon bevor wir uns kennengelernt hatten. Anfangs machte es mir die rosarote Brille unmöglich, es zu erkennen. Später dachte ich tatsächlich, ich könnte ihn mit Hilfe genau dieser Gefühle, die mich so kurzsichtig machten, dazu bewegen, sich zu ändern.

Der Frauenarzt, der mich bei meinen späteren Schwangerschaften begleitete, sagte einmal zu mir: „Jeder Mensch ist sich selbst der beste Psychologe."

Ich habe lange gebraucht, bis ich den Fehler in meiner Denkweise entdeckte. Dieser Fehler kostete mich viel Zeit und Energie, die ich hätte meinem Sohn widmen können. Wenn ich mich jetzt an genau diese Momente erinnere, muss ich diesem Arzt beipflichten.

In dem Patientenbrief von Dezember 2004 stand, dass ich psychologisch betreut wurde. Nun, davon hatte ich nicht viel gemerkt. Angeblich war auch meine psychiatrische Begutachtung erfolgt. Das Ergebnis dieser Begutachtung erfuhr ich bis heute nicht. Ich war es selbst, die sich vor Augen führte, dass es in meiner eigenen Hand lag, meinen Sohn zu einem Menschen mit einer weltoffenen Persönlichkeit zu erziehen. Ihn auf das Leben vorzubereiten und ihn für das Leben stark zu machen. Ob krank oder behindert – sollte nunmehr dabei keine Rolle spielen.

Es wäre tatsächlich eine kompetente und hilfreiche Betreuung gewesen, hätte mich die Psychologin oder die Psychiaterin schon damals zu dieser Erkenntnis gebracht. Dies war an diesem Tag nicht passiert.

Genauso wenig hatte Phillip seine Magensonde bekommen.

Je näher Weihnachten ruckten, umso knapper wurde meine Geduld. Feiertage im Krankenhaus zu verbringen, ohne Ausgang, da die Begegnung mit anderen Kranken eine Gefahr für sein geschwächtes Immunsystem bedeutete. Ich war alleine mit meinem Sohn in einem kleinen Raum isoliert – und hielt es nicht länger aus.

Mir fiel die junge Mutter ein, deren Säugling ohne jeden Grund einfach die Luft anhielt und damit seine Eltern in Panik versetzt hatte. Ich dachte an ihre ungehobelte Art, mit der sie mit den Ärzten umsprang. Damals missbilligte ich dieses Verhalten. Jetzt war ich an einem Punkt angelangt, an dem nicht nur meine Geduld, sondern auch meine Freundlichkeit an ihre Grenzen gestoßen war.

Die Ärztin war sehr überrascht, als ich ihr mitteilte, dass wir noch am selben Tag das Krankenhaus verlassen werden. Unverrichteter Dinge, da ich nach einer Woche Aufenthalt meinen Sohn immer noch mit dem Fläschchen quälte. Dieser Vorgang war gar nicht so ungefährlich. Das bestätigten sogar die Röntgenaufnahmen, die wir während einer Nahrungsaufnahme gemacht hatten. Wegen des kaum noch funktionierenden Schluckreflexes verschluckte sich Phillip immer wieder und die Milch landete nicht in der Speiseröhre, sondern in der Luftröhre. Das konnte eine Lungenentzündung zur Folge haben. Dazu bemängelte ich auch, nur sehr wenig von der angekündigten Beobachtung zu merken. Denn – wie wollen die Ärzte etwas sehen, wenn sie sich den ganzen Tag nicht blicken lassen?

Und plötzlich war so einiges möglich.

Eine Logopädin wurde gerufen. Diese zeigte mir ein paar Übungen, mit denen man die Schluckmuskeln unseres Sohnes stärken konnte. Phillip bekam die gewünschte Sonde. Ich wurde eingeschult, sie richtig einzuführen und zu benutzen. Zudem stellte das Krankenhaus einen Antrag an das niederösterreichische Hilfswerk. Eine ehemalige Kinderkrankenschwester sollte uns zwei Mal in der Woche zu Hause aufsuchen. „… um nach dem Rechten zu sehen…"
Die angekündigten psychosozialen Kontakte machten mich misstrauisch. Die Aussage der Ärztin hinterließ bei mir den Eindruck, als würde sie mir unterstellen, nicht im Wohle meines Kindes zu handeln, ihm gar Böses zu wollen. Hatten sie etwa Bedenken, ich könnte mich an meinem Kind vergreifen? Seinem Leiden ein Ende bereiten? Etwa Sterbehilfe leisten?
Ich hätte wohl die Einsicht der Ergebnisse meiner psychiatrischen Begutachtung verlangen sollen ...

In meinem Alltag blieb jedoch kein Platz mehr übrig für irgendeinen Verfolgungswahn. Weihnachten stand vor der Tür und wir dürften tatsächlich nach Hause gehen. Ich hatte erreicht, was ich für nötig hielt und dieser Erfolg schenkte mir Zuversicht für all das, was uns noch erwartete und von dem ich noch nichts ahnte.

Die Krankenversicherung bremste rasch meine Euphorie.

Die Mitarbeiterin, derer ich zuvor den Verordnungsschein übergab, kehrte ohne diesen zurück und schickte mich in das Sprechzimmer der Ärztin. Frau Doktor wollte mich nämlich persönlich sehen.

Ahnungslos setzte ich mich der Frau gegenüber und blickte in ihr bedrücktes Gesicht.

„Wie geht es Ihnen mit dieser Diagnose?"

Der schlechte Film, der seit Monaten in meinem Leben ablief, schien ohne Unterbrechung in Fortsetzung gegangen zu sein.

„Was soll ich Ihnen darauf antworten?" Ich überlegte, ob etwa meine Deutschkenntnisse nicht ausreichten und ich sie nicht verstand. Nach all dem, was ich bislang erlebte, fühlte ich mich veräppelt, um nicht zu sagen – verarscht. Jedes Mal, wenn ich voller Vertrauen auf jemanden zuging, lief ich geradewegs mit dem Kopf gegen die Wand. Ich war nicht im Stande, ihr ein Einfühlungsvermögen zuzutrauen. Mein Misstrauen sollte sich umgehend bestätigen.

Von dreißig verordneten Therapiestunden genehmigte sie mir nur zehn. Die Turnunterlage, die wir benötigten, um zu Hause die Übungen auf dem Boden durchführen zu können, wurde abgelehnt. Mein Sohn war zu klein und konnte daher auf einem Tisch behandelt werden. Ich verkniff mir die Frage, ob ich für die Ausführung der Übungen zu ihm auf die Tischplatte klettern sollte, denn die Ärztin zeigte kein Interesse, sich die Methoden unseres Therapeuten näher erklären zu lassen. Das alles hätte ich noch so hinnehmen können. Aber dann kam das Wichtigste dran.

Wir bekamen die verordneten Sonden nicht, denn ...

„Sonden müssen vom Fachpersonal eingesetzt werden."

„Wozu bin ich dann im Krankenhaus tagelang eingeschult worden?" Ich glaubte an ein Missverständnis. „Es muss ein Arzt sein", sie beharrte drauf.

„Jedes Mal, wenn es meinem Sohn trotz seiner eingeschränkten Bewegungsmöglichkeit gelingt, sich den Schlauch aus der Nase zu ziehen, muss ich mich mit ihm auf den Weg ins Krankenhaus machen? Mehrmals am Tag, sogar in der Nacht? Soll ich immer wieder die Rettung bemühen, oder wollen Sie uns etwa jedes Mal eine Fahrt mit der Schnellbahn zumuten?" Mit einem ungläubigen Augenaufschlag forderte ich sie zum Nachdenken auf.

Nach einigen tiefen Seufzern und einem Kopfschütteln meldete sie sich wieder zu Wort. „Ich werde beim Chefarzt nachfragen."

Ich ging unverrichteter Dinge heim und sie erfuhr nicht, wie es mir tatsächlich mit dieser Diagnose ging.

*

Ein Arbeitskollege von mir und meinem Mann verlor beide Kinder an Leukämie. Als er uns damals erzählte, dass er für den Großteil der Medikamente selbst aufkommen musste, glaubte ich fest, es wäre nur eine maßlose Übertreibung. Ich war von einem sozialen System überzeugt und hätte mir solch ablehnende Art nur für Sonderfälle vorstellen können. Extremsportler, die für ihre Unfälle und bleibenden Schäden selbst verantwortlich waren. Oder Raucher. Aber nicht bei einer Krankheit wie etwa Krebs und das auch noch bei Kindern. Die waren doch viel zu klein, um selbst Geld zu verdienen und für ihre Behandlung aufzukommen.

Nie!

Doch.

Die abgelehnte Synagisimpfung war nur der Anfang. Für die physikalischen Therapien bekamen wir die Hälfte des Betrages zurückerstattet. Bis dieses Geld überwiesen wurde, vergingen manchmal mehrere Monate. Mein ganzes Kindererziehungsgeld ging nur für die Stunden des Physiotherapeuten drauf.

Der Zeitpunkt meines beruflichen Wiedereinstiegs kam immer näher. In meiner Abwesenheit sollte meine Mutter unseren Sohn betreuen. Da sie keinen Führerschein besaß, mussten wir uns Gedanken über einen Krankentransport und die damit verbundenen Kosten machen.

Unser Kinderarzt hatte ein Schreiben an den Krankenversicherungsträger gerichtet, in dem er auf die Notwendigkeit einer liegenden Position beim Transport hinwies, da Phillip im Kindersitz Atemprobleme bekam und immer wieder bewusstlos wurde. Dennoch bekamen wir von der Krankenkasse eine Absage.

Die letzten Fahrten mit mir am Steuer absolvierte mein Sohn liegend, in der Kinderwagen-Tragetasche, auf dem Rücksitz neben seiner Großmutter. Jede Fahrt war mit der Angst verbunden, sie unfallfrei zu überstehen. Das Schreiben des Kinderarztes hatte ich immer mit dabei und es blieb mir nur die Hoffnung, die Polizisten würden mehr Einsicht zeigen als die Mitarbeiter der Krankenversicherung, sollte ich mal angehalten werden.

Mit der Zeit bekamen wir immer öfters das geschwächte Immunsystem unseres Sohnes zu spüren. Im 14-Tage-Takt kehrten wir im Krankenhaus mit einem Atemwegsinfekt ein.

Der kleine Mann sollte jedes Mal einige Tage zur Beobachtung einchecken. Nicht immer war ein Mutter-

Kind-Zimmer frei. Die meisten seiner Krankenhausaufenthalte verbrachte ich bei ihm nur als Besucher und musste mich am Abend stets verabschieden. Es war kaum auszuhalten, die Vorstellung, dass er nachts aufwachte und niemand bei ihm war und womöglich auch niemand so bald zu ihm kommen würde, sollte er weinen. Unerträglich war auch die Unwissenheit, woran all diese Infekte lagen. Zeigten die teuren Impfungen keine Wirkung? Dank dieser regelmäßigen Krankenhausaufenthalte wurden die Impfungen angeordnet und wir mussten nicht dafür aufkommen. Die Frage, ob die Impfung keine Wirkung zeigte, oder die Infekte zum SMA-Verlauf dazugehörten und sie nicht von Medikamenten aufzuhalten waren, konnte uns niemand beantworten.

Allerdings kostete jeder Krankenhausaufenthalt Phillip ein Stückchen seiner hart erarbeiteten Mobilität. Keinem der Physiotherapeuten war die angewandte Methode geläufig und auf der weichen Matratze wie auch der Wickelunterlage konnte ich die Übungen nicht durchführen. Ich versuchte den Ärzten zu erklären, dass die Therapie notwendig war. Da während keiner der stationären Aufnahmen Medikamente verabreicht wurden und man lediglich darauf wartete, dass der Infekt von alleine verging, verlangte ich Phillips Entlassung. Natürlich wurde dies in den Entlassungspapieren vermerkt und ich musste mich verpflichten, mich regelmäßig bei der Ärztin, die Phillip zugeteilt wurde, telefonisch zu melden.

Heiligabend 2004

Am Heiligabend hatte es endlich klick gemacht. Nein, Phillip ging es nicht besser. Aber ich fing aus heiterem Himmel an anders zu denken.

Uns war wahrlich nicht zum Feiern zumute. Aber unser Sohn sollte den Duft einer Tanne kennenlernen. Er sollte erfahren, wie sich Baumnadeln anfühlen.

Es hat ihm gefallen.

Mir auch.

An diesem Abend entschied ich mich, nicht mehr auf mein Glück zu verzichten. Und ich begriff endlich, nicht für alles verantwortlich zu sein.

Januar 2005

Wir nutzten jeden Tag, den wir nicht im Krankenhaus verbrachten, um zur Therapie zu fahren. In dieser kalten Jahreszeit dauerte das Anziehen und Ausziehen länger als die Behandlung selbst. Aber es war für mich und auch für meinen Sohn ein Ausbruch aus dem Alltag, eine Abwechslung mit viel Bewegung und wir wurden immer wieder mit kleinen Erfolgen belohnt. Zwei-, drei Mal in der Woche beim Therapeuten, dazu noch dreimal am Tag selbst zu Hause die Übungen durchführen. Da blieb nicht viel Zeit für andere Dinge. Aber zum Glück auch kaum Zeit, sich den Kopf über Sachen zu zerbrechen, die ich nicht ändern konnte.

Dann kam der Tag, an dem ich mich im Krankenhaus melden sollte. Auf dem Weg vom Therapeuten zum Wagen rief ich dort an. Statt der Ärztin hob die Vermittlungsmitarbeiterin ab und teilte mir mit, Frau Doktor wäre momentan nicht erreichbar.

Meine Mutter gönnte sich einige Tage Pause, ich war mit Phillip alleine unterwegs. Ohne Begleitung konnte ich ihn nicht in der Tragetasche am Rücksitz liegen lassen, also saß er in seinem Kindersitz. Je länger ich brauchte, umso größer war das Risiko, dass er Probleme mit der Atmung bekam. Ich beendete rasch den erfolglosen Anruf und fuhr mit Phillip nach Hause.

Es war Essenszeit. Trotz der leichten Handhabung mit der Sonde dauerte auch dieser Vorgang seine Zeit. Ich musste die Nahrung in kleinen Mengen dosieren, damit er sie problemlos verdauen konnte, ohne spucken zu müssen.

SMA wirkt sich nicht nur auf die Grob- und Feinmotorik aus, der Gendefekt beeinflusst auch den Verdauungstrakt.

Nach dem die Mahlzeit zu Ende war und er endlich einschlief, rief ich nochmals im Krankenhaus an. Zu dieser Zeit war unsere Frau Doktor selbst bei Tisch. Das behauptete jedenfalls die Dame in der Telefonzentrale.

In meinem weiteren Tagesablauf blieb keine Zeit mehr übrig, nochmals anzurufen, und so verschob ich es auf den nächsten Tag.

Das sollte sich rächen.

Kaum stellte ich mich vor, schrie mich die Ärztin an: „Lügen Sie mich nicht an! Ich war den ganzen Tag erreichbar und habe gar keine Mittagspause gemacht!"

Ich war baff und sah mich um, ob ich vielleicht in einer Ecke meiner eigenen vier Wände eine versteckte Kamera finden würde. Das alles konnte nicht mehr real sein.

Weil ich mich an ihre Anweisung nicht hielt und mich nicht am vereinbarten Tag telefonisch meldete, bestellte sie uns zur Kontrolle ins Krankenhaus ...

*

Ich mochte die Wohngegend von Anfang an, als ich mit meinem Exmann Wien verlassen hatte und aufs Land gezogen war. Aber jetzt lernte ich sie erst richtig zu lieben. Vor allem die vielen einsamen Feldwege. Sie waren schön holperig und schüttelten Phillip binnen weniger Minuten in den Schlaf. Während sich in den Seitengassen eine

Begegnung mit anderen Menschen kaum vermeiden ließ, blieben wir abseits der asphaltierten Straßen stets ungestört. Es waren Momente der Ruhe. Für ihn und vor allem für mich. Ich schätzte sie sehr und genoss diese Zeit in vollen Zügen. Jedes Kompliment oder auch noch so lieb gemeinte Wort bei einer zufälligen Begegnung weckten meinen Sohn auf und er fing sofort an zu wimmern. Ob ihn etwas juckte und er sich nicht kratzen konnte, oder ihn etwas drückte und er sich nicht bewegen konnte – wie sollte ich einem Säugling nur Abhilfe verschaffen? Im Geiste verfluchte ich die freundlichen Passanten, die natürlich keine Ahnung hatten.

Die Krankheit war unserem Kind auf den ersten Blick und vor allem von einem Laien nicht anzumerken.

*

Dass Muttersein Veränderungen mit sich bringt, war mir von Anfang an klar. Wie gravierend sich mein Leben verändern würde, ahnte ich jedoch nicht. Die paar Monate bescherten mir massenhaft Lebenserfahrung mit unerwünschten, sogar erzwungenen Umstellungen. In dieser Zeit habe ich etliches gelernt. Viele der Werte und Ansichten, die ich mir in meinem bisherigen Leben angeeignet hatte, verloren an Bedeutung, oder ergaben keinen Sinn mehr.

Wie weit mein Alltag von der Normalität mittlerweile abwich, wurde mir klar, als mir meine Mutter in einem unserer ausführlichen und emotionalen Gespräche anbot, Phillip zu sich zu nehmen und für ihn zu sorgen.

Sie wollte ihn mir nicht wegnehmen. Auch hielt sie mich nicht für unfähig oder unwillig.

Nur – falls ich eines Tages an dem Punkt ankommen sollte, wo ich nicht mehr weiter könnte ...

Geduld zählte auch weiterhin nicht zu meinen Stärken. Ich schob Frust und hätte am liebsten alles x-mal am Tag hingeschmissen. Trotz alldem fühlte ich mich nicht als Versagerin und schon gar nicht als eine schlechte Mutter. Gerade das Letztere führte ich mir bewusst vor Augen, als mein Mann und ich bei einem der zahlreichen Krankenhausaufenthalte unterschrieben, dass wir für unseren Sohn keine lebensrettenden Maßnahmen wünschten. Dennoch hätte ich mein Kind nie weggegeben, oder in ein Heim gesteckt. Es auch nicht den ganzen Tag alleine gelassen. Ans Bett gefesselt, an die Überwachungsmonitore angeschlossen. Diese Vorstellung konnte ich nicht ertragen. Ich wollte mein Leben genießen. Es mit meiner Familie genießen. Viel unternehmen. Nicht rund um die Uhr jemanden pflegen und auf Spaß und Freude verzichten müssen. Aber ich tat es. Mit all meinem Wissen und meiner gesamten Energie. Wäre Phillip noch am Leben, täte ich dies alles heute noch.

Auch hätte ich nie mein Kind zu seinen Großeltern abgeschoben. Das Angebot meiner Mutter sorgte bei mir dennoch für innere Ruhe. Sollte meinem Mann und mir eines Tages etwas passieren, wäre Phillip in gute Hände gekommen. Davon war ich überzeugt und das brachte mir in den raren Stunden ruhigen Schlaf. Alleine dafür war ich – und bin es heute noch! – meiner Mutter unendlich dankbar.

Sehr überrascht hat mich jedoch das Verhalten meines Vaters. Kurze Zeit nach der Geburt verhöhnte er mich noch, weil ich aussah, als hätte ich immer noch Mehrlinge im Bauch. Mittlerweile bekam ich von ihm kaum etwas zu hören. Er hielt mir keine Vorträge darüber, was er für richtig hielt und was ich schon wieder seiner Ansicht nach falsch machte. Mein Aussehen spielte plötzlich keine Rolle mehr und an meinen Handlungen hatte er mit einem Mal auch nichts auszusetzen. Still und heimlich hatte er die Rolle des Privatchauffeurs angenommen, holte meine Mutter immer dann ab, wenn sie eine Auszeit nötig hatte, und brachte sie nach einer kurzen Erholungsphase wieder zu uns. Ich präsentierte ihm Stichwörter, mit denen uns diese Krankheit regelmäßig konfrontierte und er besorgte mir entsprechende Fachliteratur in meiner Muttersprache – Slowakisch. Dies brachte mich zu der Erkenntnis, dass ich über einen großartigen Familienrückhalt verfügte. Ohne regelmäßige Sonntagsbraten, aber wenn es darauf ankam, konnte ich auf diesen Rückhalt, auf *meine* Familie zählen.

Wie groß sollte ich mir die Hilfe von jemandem vorstellen, der keine Gelegenheit ausließ, über den Wert und vor allem den Sinn einer Familie zu sprechen? Winzig, wenn nicht gleich Null.

Es lag wohl an mir, dass ich mit den gut gemeinten Ratschlägen meiner Schwiegermutter nichts anfangen konnte. Sie rief mich oft an und überschüttete mich mit Anweisungen wie: "Du musst positiv denken. Male dir doch aus, wie es sein wird, wenn Phillip eines Tages läuft ..."

Ihre durchaus gut gemeinte Art schmerzte mich noch mehr als die bittere Realität. Sie hörte nicht zu, als wir sie über die Krankheit aufklärten.

Womöglich weigerte sie sich einfach nur, dieser Realität ins Auge zu sehen.

Ich hätte mir so sehr gewünscht, dass sie mir aktiv unter die Arme gegriffen hätte. Während der Abwesenheit meiner Mutter war ich mit unserem Sohn ganz alleine. Viele der Behördengänge konnte ich nicht verschieben. Phillip jedes Mal mitnehmen zu müssen, war eine Herausforderung und später sogar ein Spiel mit seinem Leben. Bei langen Telefongesprächen mit den Ämtern oder der Krankenkasse konnte ich mich nicht konzentrieren, weil ich stets neben meinem Sohn saß, die

Augen nicht von ihm ließ. Sogar wenn er schlief. Dann lauschte ich seinem Atem. Der Heimmonitor hatte seine Tücken, ich konnte und wollte mich nicht auf die Technik verlassen.

Ich hatte vielerorts an Türen geklopft und um Unterstützung gebettelt. Das fühlte sich sehr erniedrigend an. Von der eigenen Familie erwartete ich Unterstützung als etwas Selbstverständliches. Stattdessen hielt man mich mit unnötigen und vor allem nicht hilfreichen Telefongesprächen von dringenden und notwendigen Aufgaben auf, über die so manche Familienmitglieder heute noch nicht wirklich Bescheid wissen.

Ich gestehe, ich hasste diese Anrufe, und irgendwann entschied ich mich – einfach nicht mehr abzuheben.

Die Besuche hingegen ließen sich leider nicht so leicht vermeiden. Die Großmutter bestand darauf, ihren Enkel zu sehen. Wenn sie sich schon nicht abwimmeln ließ, hoffte ich sehr, dass sie während ihres Besuches wenigstens einen Teil meiner Aufgaben übernehmen würde, damit ich mich kurz zurückziehen und einige Augenblicke für mich haben könnte ...

„Interessiert es dich gar nicht, wie es mir geht ...?", erkundigte sie sich.

Statt mit anzupacken, fragte sie, ob ich die alltäglichen Aufgaben nicht auf später verschieben könnte. Schließlich kam sie viel zu selten zu Besuch ...

Es war sehr enttäuschend, als sich mein Mann mit seinem Vater zerstritt. Ich hoffte darauf, der längst pensionierte Schwiegervater würde die Fahrten zur Therapie übernehmen, nachdem ich wieder dem Beruf nachgehen müsste.

Sein Auto war größer als unseres und der Rücksitz bot mehr Platz als der vom sonst so praktischen Twingo.

Leider wollte sich mein Mann von seinem Vater nichts sagen lassen und erwartete eine Entschuldigung. Daher kam für ihn gar nicht in Frage, an seine Tür zu klopfen und ihn um Hilfe zu bitten. Gerade aus diesem Grund hoffte ich sehr, unser Bedarf würde sich in der Familie herumsprechen und er würde davon erfahren. Doch damit lag ich falsch, denn obwohl sie alle in Worten viel Wert auf Familienzusammenhalt legten, bedeutete Unterstützung für sie – sich in das Leben anderer einzumischen und das lag im Widerspruch zu ihren ganz persönlichen Regeln. Auch deshalb bekam Phillip seine Onkel das erste Mal erst bei der Taufe zu Gesicht.

*

Eigentlich hatte ich nie vor, um einen Zuschuss für ein behindertes Kind anzusuchen. Alleine deshalb, weil ich Phillips Gendefekt als Krankheit, nicht als Behinderung ansah.

Die Therapiestunden, Transporte und Hilfsmittel hinterließen auf unserem Konto ein knallrotes Minus. Der Zuschuss reichte nicht, um die Schulden zu begleichen. Er konnte jedoch verhindern, dass wir nicht alsbald auf eine oder gleich mehrere dieser Hilfsmaßnahmen verzichten mussten.

Um den Zuschuss bewilligt zu bekommen, reichte das humangenetische Gutachten alleine nicht aus. Im Januar 2005 folgten wir der Einladung der Pensionsversicherung nach Wien.

Schon der Physiotherapeut riet uns, Doz. Bernert zu konsultieren. Obwohl ich umgehend in seiner Privatpraxis um einen Termin gebeten hatte, standen uns immer noch Wochen an Wartezeit bevor.

Die Vorladung der PVA (Pensionsversicherung) verkürzte diese Wartezeit enorm. In einem kleinen Untersuchungsraum begegneten wir dem wohl einzigen Spezialisten in weiter Umgebung, der sich mit dieser Krankheit beschäftigte.

„Ein glockenförmiger Thorax, typisch für diese Krankheit." Es war für ihn nicht erforderlich, sich das Gutachten durchzulesen. Und mir wurde sofort klar: Wären wir ihm früher begegnet, hätten wir mit höchster Wahrscheinlichkeit unserem Sohn viele der unangenehmen, wenn nicht sogar alle Untersuchungen ersparen können.

Dieser Arzt entpuppte sich innerhalb weniger Minuten als die fachliche Hilfe, nach der ich von Anfang an gesucht hatte. Er brachte uns nicht nur den Verlauf dieser Krankheit auf eine verständliche Art und Weise nahe, sondern auch ihre Bedeutung für unser Kind und für uns als Eltern. Er offenbarte uns die mageren Aussichten, welche die moderne Medizin dieser Tage mit sich brachte und wies uns auf die Möglichkeit einer medikamentösen Therapie hin.

Wir sagten sofort zu.

Mittlerweile wussten wir, dass SMA nicht heilbar war. Aber wir wollten jede Chance nutzen, Phillips Lebenserwartungen zu verlängern und die Symptome dieser Krankheit zu lindern oder zumindest ihren Fortschritt zu verlangsamen.

In Wahrheit hätte ich einen Pakt mit dem Teufel geschlossen und sogar mein Leben hergegeben, sollte Phillip dafür gesund werden …

Mit jedem neuen Detail, das wir über SMA erfuhren, schwanden unsere Hoffnungen auf einen guten Ausgang.

Die Heimreise mit der U-Bahn verlief schweigend. Unser Wagen stand auf dem Parkplatz vor dem Wiener Donauzentrum. Die Untersuchungsräume der PVA befanden sich im 1. Wiener Bezirk. Wir wussten nicht, wie lange das Gespräch mit dem Arzt dauern würde und ob wir in einer dieser engen und verwinkelten Einbahnen einen Parkplatz gefunden hätten. Nur deshalb waren wir mit unserem Sohn öffentlich gefahren. Das erste und auch das letzte Mal in seinem Leben.

Der Physiotherapeut hatte recht. Ständig nur an das Ende denken, lenkte nur die Aufmerksamkeit von den wenigen schönen Momenten ab. Es gab zwar kein vorne, das meiner Vorstellung entsprach, auf das ich mein Blick richten wollte. Es konnte uns auch keiner sagen, wie viel Zeit Phillip noch blieb. Die vernünftigste und beste Lösung war, jeden gemeinsamen Tag zu nutzen. Die Zeit für unser Kind am angenehmsten zu gestalten. Es konnte sich um Tage handeln, Monate, oder sogar Jahre. Ich fing das erste Mal seit langem an, an eine gemeinsame Zukunft zu denken. An gemeinsame Feiertage, Ausflüge und Urlaub. Sogar an Ferien bei meinen Eltern. Meine Mutter hatte genug Zeit mit Phillip verbracht und ich konnte ihn mit ruhigem Gewissen in ihre Obhut geben.

Um meine positiven Gedanken gleich in die ersten Taten umzusetzen, entschied ich mich, von Phillip Fotos anfertigen zu lassen, um ihm einen Reisepass zu besorgen. Das sollte in dem Einkaufszentrum geschehen, auf dessen Parkplatz unser Wagen stand.

Die unangenehmen Seiten unseres gemeinsamen Alltags holten uns schneller ein, als wir uns vorstellen konnten.

„Können Sie bitte die Rettung rufen?", sagte ich ruhig zu einer der jungen Damen im Fotostudio.
Sie blinzelte mich nur an.
„Ich kriege ihn nicht wach", erklärte ich nur kurz.
Phillips Gesicht war plötzlich blau angelaufen. Nachdem er kurz die Augen verdrehte, fielen seine Lider zu

und er hörte auf zu atmen.

Hinter meinem Rücken fing es an zu rascheln, aber darauf achtete ich nicht. Mein Mann stand wie erstarrt neben mir, während ich Phillip wieder aus dem Overall holte und ihn auf den Kundenkaffeetisch bettete. Eine harte Unterlage war zwingend notwendig.

Bevor wir nach der ersten Untersuchungsreihe das Krankenhaus verlassen hatten, wurden wir beide in Reanimation eingeschult. Damals hatte ich darauf gehofft, dieses Wissen nie anwenden zu müssen. Ich reagierte automatisch. Wie ferngesteuert. Nur ein Gedanke schwirrte mir durch den Kopf. Eigentlich zwei. Schnell, damit das Gehirn wieder Sauerstoff bekam. Und nicht zu viel Luft, schließlich war er ein kleines Kind und kein ausgewachsener Mensch.

Es dauerte nur einige Minuten, da stürmten zwei Sicherheitsmänner des Einkaufszentrums in den Fotoladen. Als mich einer von ihnen ablöste, hatte Phillip bereits etwas mehr Farbe im Gesicht. Kurz darauf kam er zu sich.

In dem Augenblick, als der erste Rettungsmann durch die Tür des kleinen Fotostudios kam, war unser Sohn bereits wieder bei vollem Bewusstsein und wimmerte sogar.

„Was gibt's?" Der Mann mit der roten Jacke schlenderte gelassen auf mich zu.

„Jetzt nichts mehr ...", entgegnete ich.

Das Fernsehen war voller Lügen. Nicht nur der Ablauf der Geburten in den Kreißsälen stimmte mit der Realität nicht annähernd überein. Auch die Rettungseinsätze verliefen in den Sendungen viel schneller und wurden ernster genommen, als ich es an diesem Tag erlebte.

Es gab nur einen Grund, warum ich mich mit Phillip von dem Rettungswagen ins Krankenhaus bringen ließ.

Ich wollte mich vergewissern, dass er keinen Gehirn-schaden davongetragen hatte. Es war keine Ohnmacht, es war ein Atemstillstand. Wir hatten schon bei einem der vorherigen Krankenhausaufenthalte die Einverständnis-erklärung unterschrieben, dass wir keine lebenserhal-tenden Maßnahmen wünschten.

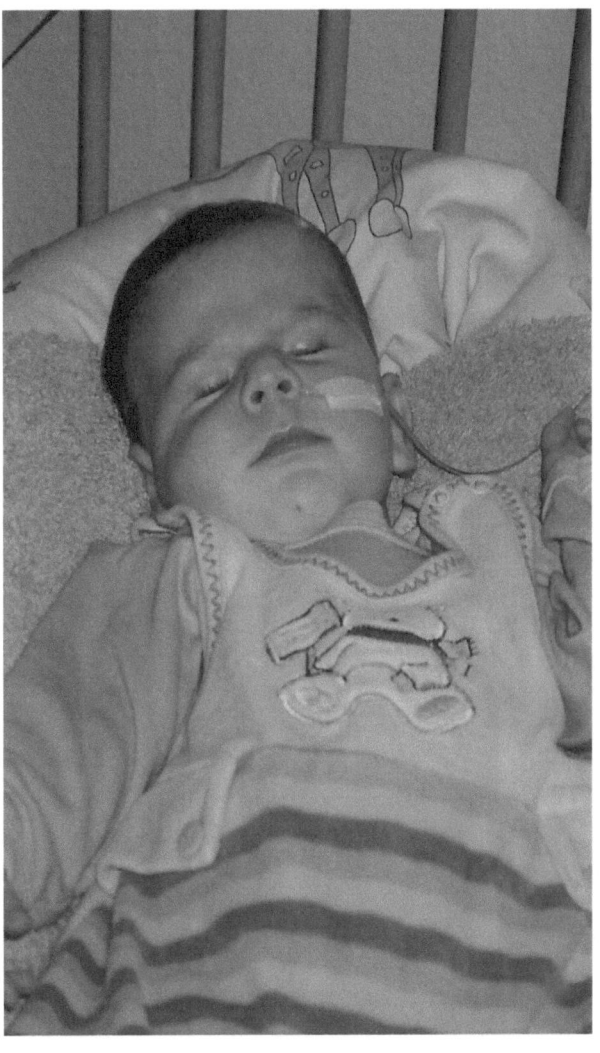

Wir hatten uns diesen Wunsch genau überlegt. Das dachte ich jedenfalls. Scheinbar haben wir die Möglichkeit außer Acht gelassen, dass Phillip zuhause sterben könnte.

Ich könnte doch nie untätig daneben stehen und ihm dabei zusehen!

Es gab wieder eine Tatsache mehr, mit der ich mich auseinandersetzen musste.

In der Zwischenzeit war auch mein Mann mit unserem Wagen ins Krankenhaus nachgekommen. Nachdem sie Phillip (immer noch mit schwachem Immunsystem) in einem Zimmer gemeinsam mit einer Darmgrippe und einer Lungenentzündung untergebracht hatten, schickten sie uns Eltern nach Hause. Wir sollten uns ausruhen und entspannen.

Als ob das möglich gewesen wäre ...

Ich saß auf der ersten Stufe der Holztreppe in unserem Flur. Die Tränen liefen mir in Strömen die Wangen runter. Es war einen Tag nach diesem Vorfall. Mein Mann war in der Arbeit und ich ließ die Geschehnisse vom Vortag Revue passieren.
Und nicht nur die ...
Die Kinderchirurgin, die als Erste Phillips Hydrozele begutachtete, bezeichnete uns als oberflächlich. Sie warf uns vor, uns nicht wirklich um das gesundheitliche Befinden unseres Sohnes zu kümmern, sondern uns nur für sein Äußeres zu interessieren. Und das obwohl wir Fragen über Phillips spätere Zeugungsfähigkeit stellten, weil uns seine vergrößerten Hoden Sorgen machten.
Die Kinderschwestern ignorierten mein mit Milch durchtränktes Nachthemd. Statt nach dem Grund zu fragen, boten sie mir Medikamente zum Abstillen an. Anschlie-

ßend schickten sie mir einen Arzt ins Zimmer, der meinen angeblichen Babyblues mit Antidepressiva behandeln wollte. Offensichtlich nervte ich sie mit meinen Bedenken. Vollgedröhnt mit Beruhigungsmitteln hätte ich endlich Ruhe gegeben.

Ich hatte Lust, die Schwester in der gynäkologischen Ambulanz aufzusuchen. Die gleiche, die mich eine Woche vor der Entbindung stundenlang warten ließ. Zuerst kamen die Frauen an die Reihe, bei denen es Probleme gab, oder bei denen welche vermutet wurden. Sie sagte mir damals direkt, dass ich mich gedulden müsste, weil bei mir ja alles in Ordnung sei. Würde es etwas bringen jetzt nachzufragen, wie es nun um diese Ordnung bestellt war?

Und erst die Ärzte. Es war für mich unbegreiflich, wie das einem Kinderarzt bei der Visite nicht auffallen konnte. Binnen kürzester Zeit gingen ihm an die zwanzig Säuglinge durch die Hände. Neunzehn strampelten. Einer nicht. Und niemanden kümmerte es.

Sie nannten ihn essfaul.

Er nahm ab.

Aber bei der Entlassung sprach auch dies keiner an. Kein Arzt hielt es für beobachtungswürdig. Niemand empfahl uns, uns an den Kinderarzt zu wenden. Sie schickten mich mit einem gesunden Kind nach Hause. Ich fragte mich, wo dieses gesunde Kind geblieben war.

Auch wenn mir unser Kinderarzt später in jeder Hinsicht entgegenkam. Anfangs musste ich ihn regelrecht zwingen, mir zuzuhören. Niemand wollte es sehen. Auch nicht die Schwiegermutter. Regelmäßig überhäufte sie mich mit den Vergleichen, wie sich ihre drei Söhne im Säuglingsalter verhielten. Und trotzdem schien ihr der Unterschied nicht aufzufallen.

Die Ignoranz der anderen brachte mich dazu, an meinem Verstand zu zweifeln. Nur meine Mutter widersprach mir nicht, wenn ich an der Richtigkeit der Dinge zweifelte.

Ich wäre gerne verrückt gewesen, wenn sich meine Vermutungen als falsch herausgestellt hätten … Aber ich war nicht verrückt, sondern eine Lügnerin. Das sagte jedenfalls die für uns zuständige Ärztin, denn nachdem ich mehrmals versucht hatte, sie zu erreichen, behauptete sie, ich hätte es nicht getan.

Ich saß immer noch auf der Stufe, starrte durch das Fenster in den kahlen winterlichen Garten. Er war noch vom Herbst nicht aufgeräumt. Es gab Wichtigeres in unserem Leben …

„Kann ich bitte mit Herrn Dozenten Bernert sprechen?"

Mir reichte es. Mein Sohn hatte das Recht auf die beste Versorgung, die er bekommen konnte. Die Krankheit saugte aus uns genug Energie. Anständiges Behandeln, Respekt und kompetente Beratung sollten uns wenigstens einen Teil dieser Energie zurückbringen.

„Herr Dozent, darf ich mich in der Zukunft bei Notfällen wie diesen bei Ihnen melden?"

Ich habe am Telefon dem erfahrenen Arzt den Vorfall im Fotostudio geschildert und auch die Misserfolge der vergangenen Krankenhausbesuche.

Er sagte sofort zu.

Und plötzlich sah der unaufgeräumte Garten gar nicht mehr so trist aus.

*

Es war dieser kleine Zettel. Die Ärztin überreichte ihn mir am Ende unseres Krankenhausaufenthaltes, nachdem das genetische Gutachten die Verdachtsdiagnose bestätigt hatte. Die erste Telefonnummer, die darauf geschrieben stand, gehörte einem Genetiker. Die andere – einer Selbsthilfegruppe.

Solche Treffen kannte ich nicht einmal vom Hörensagen. Daher reichte meine Vorstellungskraft nicht, um mir auszumalen, was uns dort erwartete. Die Ärztin hatte nicht mehr als die Adresse. Deshalb dachte ich an ein Treffen von Eltern von SMA betroffenen Kindern.

Hinter der Tür erwartete uns ein großer, übersichtlicher Raum. Keine im Kreis aufgestellten Stühle, dafür ein Viereck aus Tischen, an denen hier und da wer saß und sich unterhielt. Anwesend waren Eltern von unterschiedlichst betroffenen Kindern. Viele der körperlichen Einschränkungen dieser Kinder waren bereits während der Schwangerschaften entstanden. Einige davon waren zusätzlich geistig beeinträchtigt. Wir konnten uns glücklich schätzen. Von den in der Gruppe bekannten zwei SMA-Fällen, waren die Eltern eines Jungen anwesend.

Alle waren sehr freundlich. Auf dem Tisch stand ein voller Teller mit Marmeladekrapfen. Der Raum sah feierlich aus, aber der Eindruck täuschte. In der Luft schwebte Trauer und ich fühlte mich von der vorherrschenden Stimmung erdrückt. Trotz des freundlichen Lächelns und des herzlichen Empfangs schienen alle ihr Leben in der klirrenden Kälte vor der Tür gelassen zu haben.

Den Namen des kleinen Jungen habe ich mir nicht gemerkt. Seine Geschichte wühlte mich zu sehr auf. Die bekannten Statistiken sprachen bei SMA Typ I über eine Lebenserwartung von achtzehn Monaten. Dieser Junge war mittlerweile acht Jahre alt. Er war ein Patient von Dozent Bernert. Ich schrieb sein Alter der Behandlung zu, die auch uns vorgeschlagen wurde.

Der Junge lebte und darüber waren seine Eltern überglücklich. Das war verständlich und nachvollziehbar und eigentlich hätte ich den beiden für dieses unbeschreibliche Glück gratulieren sollen. Sie vielleicht sogar beneiden müssen. Aber ... Das "hohe" Alter schien der einzige Erfolg dieser Behandlung zu sein. Der Junge war nicht stumm, dennoch sprach er kein Wort. Mit seinem gesunden Verstand nahm er aktiv teil an seiner Umwelt. Ernährt wurde er mit Hilfe einer Magensonde. Diese wurde nicht durch die Nase, so wie bei unserem Phillip, sondern durch die Bauchdecke geführt.

Er konnte nicht gehen, nicht sitzen, nicht mal den Kopf aufrecht halten. Im Rollstuhl fixiert – so verbrachte er den ganzen Tag in derselben Position.

Die meiste Zeit war er zuhause. Sein schwaches Immunsystem erlaubte es nicht, am geregelten Unterricht in der Schule teilzunehmen. Die Eltern hatten dies ausprobiert, aber die ständigen Erkrankungen zwangen sie auf einen Privatlehrer zurückzugreifen.

Ich war verwirrt. Sollte ich mich freuen, dass doch eine Hoffnung bestand, Phillips Leben zu verlängern? Ich war mir nicht sicher. Diese Aussicht fand ich recht erschreckend. Zu oft erklärten mir die Ärzte, dass Phillip keine Schmerzen hätte. Dass er mit seinem Leben bestimmt zufrieden war. Woher wollten sie es wissen? Ihrer Meinung nach sollte er auch nie in Frage stellen, dass er anders war als andere Kinder. Jetzt wahrscheinlich noch nicht. Aber im Alter von acht Jahren schon. Geistig waren und sind alle SMA-Kinder ihrem Alter entsprechend entwickelt. Man sagt ihnen sogar eine größere Intelligenz nach als gesunden Kindern. Bei der Vorstellung, dass ich ihm eines Tages erklären müsste, warum er nicht sprechen, essen und sich bewegen kann wie andere Kinder, schnürte es mir die Kehle zu. Und daran denken, dass ich ihn eines Tages darüber aufklären müsste, dass er nicht lange leben sollte, dass es eigentlich jeden Tag für ihn vorbei sein könnte, kann ich auch heute noch nicht, ohne Tränen zu vergießen.

Mit gemischten Gefühlen fuhren wir nach Hause. Wir hatten viel über das private Leben dieser Familie erfahren. Am meisten beschäftigte mich ihre absolute Überzeugung – es nie wieder mit einer erneuten Schwangerschaft zu versuchen.

*

Eigentlich sollte Phillip diesen Vormittag bei unserer Nachbarin verbringen. Wir haben viele der notwendigen Vorgänge geübt, ich habe sie auf alle möglichen Vorkommnisse vorbereitet, alle Eventualitäten wurden besprochen und berücksichtigt.

Nur nicht der Atemstillstand am Vortag.

Der Termin beim Genetiker stand seit Wochen fest. Phillips Gesundheit hielt sich allerdings an keine Termine. Mir war nicht wohl dabei, ihn gemeinsam mit ansteckenden Krankheiten in einem Krankenzimmer alleine zurückzulassen, aber ich sah keine andere Möglichkeit.

Das Ereignis am Vortag hatte nicht nur den jungen Damen vom Fotostudio den Schock ihres Lebens verpasst. SMA hatte offensichtlich noch viel Hinterlistiges auf Lager, auf das wir nicht vorbereitet waren. Ich wollte unbedingt so viel wie möglich darüber erfahren. Einen Teil hat uns schon Doz. Bernert erklärt.

Den Rest sollte uns der Genetiker offenbaren.

Diese Abteilung der Medizinischen Universität Wien war ein altes Klinkergebäude. Im Zentrum von Wien stehen viele davon. Äußerlich unterscheiden sie sich kaum, aber innen glich dieser niedrige Bau einem Labyrinth. Die hell beleuchteten Gänge wirkten düster. Daran waren die unzähligen versperrten Türen schuld, deren Beschriftungen an einen Horrorfilm á la Frankenstein erinnerten. Überall war Zutritt nur befugten Personen erlaubt und die vorherrschende Stille sorgte für Gänsehaut.

Unser Klopfen hallte im gesamten Stiegenhaus. Aber in dem Raum dahinter hörte man uns nicht. Erst eine ganze Stunde später betrat die Frau und Assistentin des Genetikers das Gebäude und bat uns herein. Kaum durch die Tür gekommen, landete ich in den Armen eines menschlichen Skeletts. Vorbei an vielen Probegläsern mit verschiedensten Inhalten trafen wir endlich auf den Arzt.

Ich stellte mir einen reiferen Herrn vor, der selbst nach Formaldehyd roch. Aber vor mir stand ein Mann, knapp älter als ich. Sein längeres Haar war zu einem Pferdeschwanz gebunden. Die offene und aufgeschlossene Art, mit der er auf uns zukam, überraschte mich. Für einen Moment kam ich mir wie Will Smith in Area 51 vor.

Nur der Außerirdische fehlte.

Er, ein Facharzt für medizinische Genetik und sie, eine praktische Ärztin. Beide kamen ursprünglich aus der Slowakei.

Ich hatte schon immer meine Herkunft verteidigt.

Viele Zeitgenossen, denen ich nach meinem Umzug nach Österreich begegnete, glaubten, in den ehemaligen Osteropaländern würden die Menschen noch auf Bäumen oder in Höhlen leben. Nun, diese zwei Experten waren der beste Beweis, dass dem nicht so war.

Ich erkundigte mich nach der Laufbahn der Wissenschaftler. Genetische Diagnostik steckte in Österreich zu dieser Zeit noch in den Kinderschuhen. Ein neuer Markt mit unendlich vielen Möglichkeiten, aber die Menschen begegneten diesem Angebot noch mit großer Skepsis und vor allem – Unwissenheit. Auch wenn es sich für uns nicht geheuer anhörte, mussten wir unsere Vorbehalte ablegen. Schließlich waren wir an diesem Tag hier, um unserer Unwissenheit ein Ende zu bereiten.

Bevor das eigentliche Thema SMA überhaupt zur Sprache kam, machten wir eine Familienaufstellung. Ich wurde dabei an das Gespräch mit meinem Frauenarzt erinnert, als es um Erbkrankheiten ging. Spätestens nach unseren Großeltern wussten wir beide nicht mehr wirklich weiter. Es ging um die Kriegsjahrgänge. Die Männer waren an der Front gefallen, die Frauen heirateten erneut. Und dann, als es um die Geschwister der Großeltern ging, entstanden in dem Genogramm die ersten Lücken. Zudem waren viele Kinder in den Jahren des Krieges gestorben. Wir konnten nicht sagen, ob an der schlechten medizinischen Versorgung, am Lebensmittelmangel, oder eben – an Erbkrankheiten.

Wir wussten es nicht.

Wissen Sie es?

Es hat uns früher auch nie interessiert. Es war wieder einer dieser Augenblicke, wo die Gefühle in mir hochkamen und ich mich vor mir selbst schämte.

Früher lebten Generationen unter einem Dach. Heute sind sie über die ganze Welt verstreut. Wie oft trifft man sich? Wie oft tauscht man sich aus? Wie viel Wissen wird an die Nachkommen übermittelt?

Wir dachten nach. Unsere Köpfe rauchten förmlich. Dabei erschien eine bereits bekannte Tatsache plötzlich in einem ganz anderen Licht.

Ich bin in der ehemaligen Tschechoslowakei geboren worden. Mein Vater kam in der Slowakei auf die Welt.

Meine Mutter in Mähren. Das ist ein Teil der heutigen Tschechischen Republik. Der Vater meiner Schwiegermutter war ein Tscheche. Woher er genau stammte, wussten wir nicht. Er war in der Gefangenschaft gestorben, als die Schwiegermutter noch ein kleines Mädchen war. Über seine Verwandtschaft ist ihr auch nichts bekannt.

Plötzlich stand die Frage einer möglichen Blutsverwandtschaft zwischen mir und meinem Mann im Raum. Während die Medizinerin noch lächelte, wurde mir bei dem Gedanken richtig übel.

SMA als Folge der Inzucht? Davon sprach keine der Statistiken ...

Wir kehrten rasch zum eigentlichen Thema zurück. Der Arzt erklärte uns anhand einer einfachen Zeichnung das Prinzip der Weitergabe dieser Krankheit.

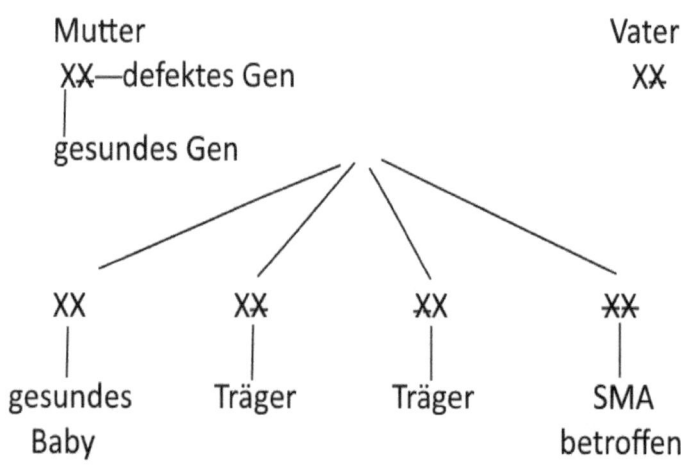

Das SMA Prinzip

Mutter
XX—defektes Gen
gesundes Gen

Vater
XX

XX
gesundes
Baby

XX
Träger

XX
Träger

XX
SMA
betroffen

Daraus resultierte eine Chance von 25 % auf ein völlig gesundes Kind und 50 % sprachen für einen Träger. Nur ein Überträger, der selbst nicht betroffen wäre. Das waren insgesamt 75 % im Vergleich zu nur 25 %, die wiederum ein krankes Kind bedeuteten.

Eine betroffene Schwangerschaft von vier – das klang recht hoffnungsvoll. In diesem Zusammenhang bekam ich das erste Mal von pränataler Diagnostik zu hören. Die Medizin war so weit, die Krankheit früh zu diagnostizieren.

Mir kamen wieder all diese seltsamen Zufälle in den Sinn.

Hätte man Phillip dies alles ersparen können? All die Untersuchungen, all die Beschwerden? So ein krankes Leben? Wenn es mir gelungen wäre, mich schon am Anfang durchzusetzen, den Arzt davon zu überzeugen, dass mit meiner Schwangerschaft etwas nicht stimmte?

„Nein." Die Antwort des Genetikers war kurz, aber deutlich. „Pränatale Diagnostik ist dann hilfreich, wenn man weiß, wonach man suchen soll."

Es gibt Unmengen an genetischen Anomalien, Defekten und Krankheiten. Zu dieser Zeit war es praktisch unmöglich, die Probe – sei es vom Fruchtwasser oder vom Mutterkuchen – auf all diese Möglichkeiten zu testen. Es hätte weder die Menge der entnommenen Probe noch die Zeit gereicht.

Das war nicht wirklich erfreulich, aber ich fühlte mich dennoch beruhigt. Als hätte man mir einen Teil der Schuld, die ich mir selbst aufgebürgt habe, aberkannt.

Das Gespräch war sehr informativ. Wir wussten nun, wonach man bei einer erneuten Schwangerschaft suchen musste. Ich war zwar noch nicht so weit. Nicht zu dieser Zeit. Aber das Thema „weiterer Nachwuchs" wurde für mich durch dieses Gespräch wieder aufs Programm gerufen.

Den Kinderwunsch habe ich noch nicht begraben.

Statistisch gesehen, ist von vierzig Menschen einer Träger dieser Krankheit.

Das klingt nach ziemlich viel. Dieser Studie nach kommen nur aus einem Viertel der Schwangerschaften zweier Träger kranke Kinder hervor. Das ergibt eine weit geringere Zahl. In den vielen Berichten stand zudem, dass viele dieser Kinder als Fehl- oder Frühgeburt sterben, oder die zeitgemäße Geburt nicht lebend überstehen. Im realen Leben gab es mit Sicherheit zahlreiche Fälle, bei denen die Todesursache als ungeklärt galt. Ohne sich der Trägerschaft bewusst zu sein, sucht man sprichwörtlich die Nadel im Heuhaufen. Zum Glück war diese Krankheit nicht so verbreitet. Zum Glück – weil Kinder nicht leiden sollten. Wenn man als Betroffener Hoffnung auf Heilung hegen mochte, bedauerte man allerdings diese Tatsache. Zu wenig Betroffene bedeutete zugleich, zu wenig Abnehmer im Falle einer Lösung für dieses Problem. Je kleiner der Abnehmermarkt, umso weniger Mittel für die Forschung. Die Aussicht auf einen lukrativen Verkauf der Medikamente war schlecht.

Nach dem Besuch des Genetikerpaares holten wir Phillip aus dem Krankenhaus und brachten ihn nach Hause. Ich ließ mir Zeit mit der Planung vom Nachwuchs. Mit meinem ersten Mann waren Kinder für mich nie in Frage gekommen. Danach wollte ich zuerst ein Heim für eine große Familie schaffen. Jetzt stand die Frage im Raum, ob es überhaupt Nachkommen geben würde, die das große Heim füllen würden.

Ich lernte meinen derzeitigen Mann in der Firma kennen, in der ich vor Phillips Schwangerschaft arbeitete. Nun rechnete ich bewusst nach und kam auf ungefähr hundert Mitarbeiter. Wenn man der Statistik Glauben schenken sollte, gab es in diesem Unternehmen zwei Träger.

Mich und meinen Mann.

Die Schuldgefühle hatte ich abgelegt – jetzt grübelte ich über das Schicksal nach.

*

Phillips Zusammenbruch war aus heiterem Himmel gekommen und verflüchtigte sich mindestens genauso schnell, wie er gekommen war. Im Krankenhaus wurde er 24 Stunden per Monitor überwacht.

Als wir ihn abholen kamen, war ihm von dem Atemstillstand nichts mehr anzumerken. Die Beobachtung brachte, wie erwartet, kein Ergebnis. Sein Allgemeinzustand war gut, er konnte das Krankenhaus verlassen.

Noch vor ein paar Tagen beruhigte mich eine solche Aussage der Ärzte. An diesem Tag wusste ich, dass sie nichts zu bedeuten hatte. Das, was uns am Vortag in dem Fotostudio passiert war, konnte sich jederzeit wiederholen.

Das Schlimmste daran war, dass es beim nächsten Mal nicht so glimpflich ausgehen musste.

Fünf Tage später atmeten wir schon wieder die sterile Krankenhausluft. Diesmal freiwillig und auch an einem anderen Ort. Dankbar nahmen wir das Angebot von Doz. Bernert an. Unser Kinderarzt überwies uns zur Nahtentfernung nach der Wasserbruchoperation (Hydrozelle an den Hoden) und für weitere Untersuchungen bezüglich der SMA-Diagnose ins Preyer'sche Kinderspital. Diese

Überweisung erlaubte mir, einen Krankentransport auf Kosten der Krankenversicherung zu ordern. Der Krankenwagen brachte uns in das Krankenhaus für Kinder und Jugendliche.

Zum ersten Mal seit langem verspürte ich ein Gefühl der Sicherheit. Was auch immer während dieser Fahrt passieren sollte, wir waren nicht auf uns alleine gestellt. Sauerstoff und entsprechendes Fachpersonal fuhr mit uns mit.

Am Zielort wurden wir bereits erwartet. Wir mussten uns nicht im überfüllten Warteraum gedulden. In einem abgeschiedenen Zimmer konnten wir uns in Ruhe auf die anstehenden Untersuchungen vorbereiten. Alleine, ohne Ansteckungsgefahr. Es war wie ein verspätetes Weihnachtsgeschenk. Wir befanden uns seit Monaten im Ausnahmezustand. Und endlich bekamen wir die Aufmerksamkeit, den Respekt und die Betreuung, die wir die ganze Zeit vermissten.

Man holte uns erst, als die Ambulanz leer war. Phillips Nähte sollten entfernt werden. Da wir uns bei unserem letzten Treffen mit Doz. Bernert für den Therapieversuch mit Valproinsäure entschieden hatten, musste unserem kleinen Mann Blut abgenommen werden, um die Dosis zu bestimmen.

Es gibt sehr viele Erfahrungen mit Valproinsäure bei der Behandlung von Kindern mit Epilepsie. Dabei wirkt das Medikament durch Verstärkung der GABA-Wirkung im Gehirn und ist Mittel erster Wahl bei generalisierten Epilepsien. Das Mittel darf nicht bei Lebererkrankungen eingenommen werden, weshalb auch vor Beginn und während der Therapie eine Blutabnahme durchgeführt werden muss.

Wie bei jedem Medikament konnten auch hierbei Nebenwirkungen auftreten. Zu den häufigsten gehörte kontinuierliche Gewichtszunahme, reversibler Haarausfall und Magen-

Darm-Trakt-Unverträglichkeit.

In Deutschland und Amerika laufen seit einigen Monaten Studien, die zeigten, dass Valproinsäure im Allgemeinen sehr gut vertragen wird. Bei ungefähr der Hälfte der behandelten Kinder kam es jedoch zu einem starken Abfall des Carnitinspiegels im Blut. Deshalb musste man Carnitin zusätzlich zuführen. Das gleiche Problem tritt gelegentlich auch bei Patienten auf, die wegen einer Epilepsie mit Valproinsäure (vor allem bei höherer Dosierung) behandelt werden. Carnitin ist für den Energiestoffwechsel in den Mitochondrien ("Kraftwerke" in den Zellen) unbedingt erforderlich. Die Hauptquelle der äußeren Zufuhr ist der Verzehr von Fleisch.

Es besteht Anlass zu der Annahme, dass Kinder mit SMA unter der Einnahme von Valproinsäure ein höheres Risiko haben könnten, dass bei ihnen der Carnitinspiegel im Blut stark abfällt. Carnitin wird hauptsächlich im Muskel gespeichert und Kinder mit SMA haben wenig Muskulatur. Ein weiterer Grund ist, dass sehr schwache Kinder mit SMA auf Grund von Kau- und Schluckschwierigkeiten wenig Fleisch zu sich nehmen. Aus diesem Grund wird auch regelmäßig der Carnitin-Status im Blut mitbestimmt werden und nötigenfalls eine Zusatzmedikation verordnet. (Patienteninformationsblatt)

Da Carnitin ein Nahrungsergänzungsmittel und kein Medikament ist, lehnte der Chefarzt die Verordnung ab.

Ich war nicht sonderlich überrascht. Wäre es nicht so traurig und hinderlich gewesen, hätte ich darüber womöglich den Kopf schütteln und sogar lachen können. Stattdessen musste ich die letzten verbleibenden Tage der Karenz damit verbringen, Herrn Prim. Univ. Doz. Dr. Bernert um eine Erklärung für die Krankenversicherung zu bemühen. Um die Angelegenheit zu beschleunigen, fuhr ich wieder persönlich zu der Bezirksstelle.

Ich hatte ja sonst nichts zu tun ...

Februar 2005

"Ihr habt ja eine richtige Tragödie daheim ...", sagte der älteste Bruder meines Mannes damals zu uns. Womöglich war es genau dieser Tragödie zuzuschreiben, dass er sich bei Phillips Beerdigung nicht blicken ließ.

Während uns die einen mieden, wollten uns andere unbedingt sehen. Als sich eines Tages eine Arbeitskollegin ankündigte, war ich zwiegespalten. Zu müde und mit Aufgaben beschäftigt, die kein Ende zu nehmen schienen, hätte ich mich am liebsten gar nicht darauf eingelassen. Mit der Aussicht auf ein paar Gespräche, die mich dem Alltag, den ich inzwischen sehr vermisste, näherbringen würden, erwartete ich schließlich mit Vorfreude ihr Kommen.

Diese Vorfreude schwand allmählich, je fortgeschrittener die Tageszeit wurde. Sie hatte mich von der Firma angerufen und mir nicht ihre Privatnummer gegeben. Zu später Stunde konnte ich mich nicht nach ihrem Verbleib erkundigen und am Ende der langen Wartezeit machte ich mir sogar Sorgen, ob ihr nicht etwas zugestoßen war.

Erst viel später, bei unserem Wiedersehen im Büro, erfuhr ich, dass es keinen unerwarteten Zwischenfall gab und sie weder Krankheit noch ein Unfall von mir ferngehalten hatten. Sie konfrontierte mich mit etwas, woran ich keinen einzigen Gedanken verlor. Ich dachte stets, Phillips Krankheit wäre unser Problem, mit dem wir fertig werden mussten. Scheinbar stellte unser Schicksal viele Menschen in unserem Umfeld noch vor ein größeres

Problem: Sie war nicht gekommen, weil sie plötzlich nicht wusste, wie sie mit der Situation umgehen und mir begegnen sollte.

Nun war es nicht nur ein behindertes Kind und Behörden, die sich bei den meisten Unterstützungsmaßnahmen querstellten, und Verwandte, die mich mit Vorwürfen überhäuften, weil ich mit einem Neugeborenen nicht im Raucherabteil eines Heurigen den Siebziger feiern wollte. Nun bekam ich auch noch zu spüren, dass sich andere von meiner Situation beeinträchtigt fühlten.

Ich bemühte mich mit allen Mitteln, ein lebendiger Mensch zu bleiben, nicht eine Marionette zu werden, die lediglich existierte, um irgendwelche Routinen auszuführen. In meinem Kopf sollten auch andere Gedanken Platz bekommen, um sich zu entwickeln. Aus dieser Abwechslung wollte ich Kraft schöpfen, um den anstrengenden Alltag bewältigen zu können.
Viele Menschen, mit denen wir früher regelmäßig Kontakt hatten, verhielten sich plötzlich, als wäre ihnen eine Begegnung unangenehm und als gäbe es außer dieser Krankheit nichts anderes zu besprechen. Dabei war SMA das Letzte, worüber ich mit jemandem sprechen wollte. Zumindest nicht, wenn es um Laien ging. Rund um die Uhr mit den Tücken dieser Krankheit beschäftigt zu sein, zusehen müssen, wie von Tag zu Tag die Kräfte unseres Sohnes schwanden, reichte es mir an Präsenz dieses genetischen Defektes. Ich wollte nicht auch noch darüber reden.
Wir wurden zu Außenseitern. Als hätte uns diese Krankheit verunstaltet. Vielleicht glaubten manche sogar, wir wären ansteckend.
Es lag wohl an unserer ganz persönlichen Tragödie, weil manche Leute ihre gute Erziehung vergaßen und uns lieber warten ließen, anstatt ihren Besuch mit einem

kurzen Telefonat abzusagen.
In ihren Augen hatte ich wohl nichts zu tun – außer zu warten.

*

Ich stamme nicht aus einer Familie, deren Angehörige sich regelmäßig zu Treffen verabredeten. An meine Cousinen und Cousins kann ich mich kaum noch erinnern. Mit dem Umzug nach Österreich verließ ich auch alle meine Freunde. Die Eifersucht und der Kontrollzwang meines Expartners erlaubten mir nicht, neue zu gewinnen.

Sowohl meine Schwester als auch die Brüder meines jetzigen Mannes waren kinderlos. Es fehlte mir an Erfahrung mit schwangeren Frauen und Säuglingen. Deshalb verschlang ich alle Sendungen, die sich mit dem Thema Schwangerschaft und Kinder beschäftigten. Es steckten Neugierde und Interesse dahinter, wenn ich mir die medizinischen BBC-Reportagen ansah. So gewann ich auch eine Vorstellung über die Geburt und machte mir Gedanken über Erbkrankheiten.

Schon zu Beginn der Schwangerschaft hatte ich meinen Frauenarzt gefragt, wie groß die Wahrscheinlichkeit war, von Progerie oder Mukoviszidose betroffen zu sein. Was es mit der Trisomie an sich hatte und wie es um ein Mondschein- oder Schmetterlingskind stand. Dabei konnte ich den Film Lorenzos Oil gar nicht aus dem Kopf bekommen.
"Kommt in Ihrer Familie eine Erbkrankheit vor?"
Ich sah meinen Mann an und wir antworteten beinahe zeitgleich: "Nicht, dass wir wüssten ..."

Natürlich haben wir uns schon vor der Schwanger-schaft darüber ausgetauscht und waren eben zu diesem Ergebnis gekommen.
"Na, dann machen Sie sich keine Sorgen und noch was ..."
Ich blickte neugierig zu ihm hoch.
"Schauen Sie sich in Ihrem Zustand solche Sendungen nicht mehr an."
Ich folgte widerspruchlos diesem Rat.

Es gab keine Frau in meinem Umfeld, die ich hätte fragen können, wie sich das Treten des Kindes anfühlte. Gerade, weil mir diese Informationen fehlten, fragte ich eines Tages besorgt nach. "Ich spüre kaum Kindsbewe-gungen. Ist das normal?" Der Arzt lächelte mich an. "Manche Kinder treten nicht." Ich glaubte ihm. Als Arzt musste er es schließlich wissen.

Auch heute noch beschäftigt mich hin und wieder der Gedanke, ob es tatsächlich nur an meiner Unwissenheit lag, weil ich mich dafür interessierte. Oder kam diese Unsicherheit aus meinem Unterbewusstsein? Handelte es sich um eine Vorahnung? Den sechsten Sinn? Schubste mich unser Hund etwa nicht aus Eifersucht, oder weil er einfach nur grob und tollpatschig war? Handelte es sich dabei um einen dieser Instinkte, eine Fähigkeit, die man den Tieren zuschreibt, die sich aber sonst niemand erklären kann? Wusste die Hündin etwa, dass ein krankes Kind in meinem Bauch heranwuchs? Wollte sie mich auf ihre Art darauf aufmerksam machen?

Eine Woche vor dem Entbindungstermin hatte die letzte Kontrolle stattgefunden. Als erste war ich bei der Anmeldung noch vor dem geschlossenen Schalter gestan-den und hatte als letzte kurz vor dem Mittag immer noch in dem Warteraum gesessen. Irgendwann hatte ich nervös

an die Tür geklopft. "Könnte es sein, dass Sie mich vergessen haben?"
Die Schwester holte meine Akte und blätterte sie kurz durch. "Keinesfalls. Nur werden die Patientinnen bevorzugt behandelt, bei denen es Probleme gibt oder geben könnte. Bei Ihnen ist ja alles in bester Ordnung."
Was gab es an dieser Aussage zu bezweifeln?

Um mich nicht nur auf die Fernsehsendungen verlassen zu müssen, besuchte ich gemeinsam mit meinem Mann einen Geburtsvorbereitungskurs. Die Hebamme war selbst hochschwanger. Deshalb vertraute ich noch mehr auf ihre erklärenden Worte. Weil sie nicht nur aus Erfahrung sprach, sondern selbst diese Erfahrung demnächst machen würde. Bei der Führung durch die Geburtenstation und der anschließenden Besichtigung eines Kreißsaales erklärte sie uns den Verlauf einer Geburt. Beginnend mit dem Aufnahmegespräch, der Aufklärung über schmerzlindernde Mittel, bis zur Entspannung in der Badewanne, das Romarad, den Gymnastikball zur Lockerung des Beckens, den entspannenden und beruhigenden ätherischen Ölen, bis zum ersten Baden des Neugeborenen.
Bei Phillips Geburt hatte die Hebamme keine Zeit, um mit mir über Schmerzmittel oder Betäubung zu sprechen. Den Gymnastikball konnte ich nirgendwo finden und die ätherischen Öle durfte ich nur in ihren kleinen Fläschchen bewundern. Dass in dieser Klinik der Dammriss praktiziert wurde, erfuhr ich erst, als es passiert war und Phillip wurde zum Waschen weggetragen, weil das Becken in meinem Kreißsaal nicht funktionierte.
Der Kinderarzt, der sich seine übergroßen Hoden ansehen sollte, hatte keine Zeit. Es war Freitag und wir mussten uns bis Montag in Ungewissheit gedulden, weil am Wochenende keine Sprechstunden stattfanden.
Phillip bekam ein kleines mobiles Bettchen, wie alle

anderen Säuglinge. Nur während andere Jungs ein blaues Namenskärtchen hatten, war Phillips Kärtchen rosa. Er war auch das einzige Kind auf der Station, auf dessen Kärtchen nur der Nachname stand. Es wurde kein erstes Foto gemacht, wie bei den anderen Kindern, kein Hand- und auch kein Fußabdruck genommen. Als ob es sich nicht gelohnt hätte. Als wüssten sie damals schon, dass dieses Leben nicht lange dauern würde ...

Die Kinderschwester von der Säuglingsstation brachte mir Phillip am nächsten Morgen ins Zimmer. Mit einem breiten Lächeln legte sie mir das kleine Päckchen in die Arme.

"Er hat geschlafen, als wäre es seine letzte Nacht gewesen."

Schon damals war ich über die Wortwahl entsetzt.

Hatte sie es etwa verschrien?

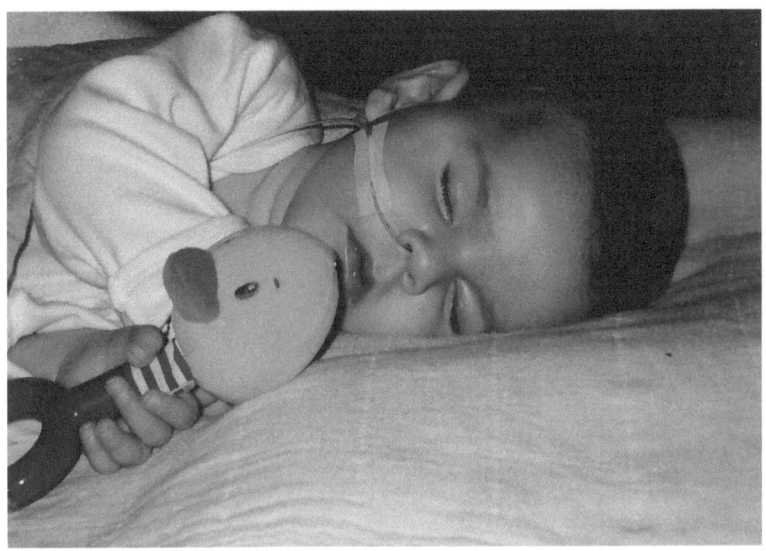

97

Zu all den Aufgaben, Sorgen, Diskussionen gesellten sich auch noch Vorwürfe, die ich mir anfing selbst zu machen. Es gab ja schließlich genug Zeichen und ich war keinem davon nachgegangen. Selbst den merkwürdigen Tagtraum von Phillips Tod verbannte ich wie ein Nachtgespenst aus meinen Gedanken.

Es lag in meinen Händen und ich hatte nichts unternommen – zumindest nicht genug.

Ich war schuld. Schuld, ein krankes Kind auf die Welt gebracht zu haben. Ich schenkte ihm dieses kurze, verkorkste Leben, voller Leid, Atemstillstände und eingeschränkter Beweglichkeit.

Ich zog auch noch meinen Mann mit rein. Er hatte ja schließlich schon einen gesunden Sohn. Seine damalige Freundin verließ ihn noch vor der Geburt und heiratete einen anderen. Mein Mann hatte seinen Sohn Jahre nicht gesehen und durfte ihn auch nicht besuchen. Sogar das Jugendamt riet ihm dazu, den Kleinen in dem Wissen aufwachsen zu lassen, der Ehemann seiner Mutter sei sein Vater.

Statt meinem Mann die Gelegenheit zu geben, das Wunder eines neuen Lebens erleben und genießen zu dürfen, musste er sich jetzt mit einem kranken Kind auseinandersetzen und jeden Augenblick mit seinem Tod rechnen.

Sogar meine Mutter habe ich in diese Angelegenheit hineingezogen. In ihrem Alter hätte sie ihren Ruhestand genießen sollen, anstatt sich ihr Glück vor Augen zu führen, dass sie zwei gesunde Töchter zur Welt brachte. Und sich darüber kränken, dass einer davon dieses Glück verwehrt geblieben war.

Wer, wenn nicht ich, konnte die Schuld an diesem Dilemma tragen?

*

Die wahren Freunde sind nicht leicht zu erkennen, weil sie hinter einem stehen, um ihm den Rücken zu stärken ...

Ich konzentrierte mich zu sehr darauf, dort Hilfe und Beistand zu bekommen, wo man es am ehesten erwartete. Da es sich um eine Krankheit handelte, war ein Krankenhaus mit ausgebildetem Personal die erste Wahl. Der entsprechende Sozialleistungsträger, dem ich viele Jahre lang Monat für Monat Beiträge bezahlte, kam gleich an der zweiten Stelle.

Am Ende meines Lateins und nach den zahlreichen Ablehnungen der Krankenkasse fühlte ich mich, als hätte man mich aus unserer Gesellschaft hinauskatapultiert: hilflos, missverstanden und einsam.

Einsam und ganz auf mich alleine gestellt war ich dann zum Glück doch nicht ...

In ihrem Hypoxi-Studio habe ich mir vor der Schwangerschaft eine tolle Figur antrainiert. Jetzt war von dieser Figur nichts mehr zu erkennen, aber die Studiobesitzerin war immer noch für mich da. Mit ihr ein offenes Ohr und gleich zwei Schultern zum Ausheulen. Das Ganze ohne kluge Ratschläge und Belehrungen. Sie beglückte uns auch nicht mit aufgezwungenen Besuchen. Sie war einfach da, ohne dass man über sie stolperte.

Meine Nachbarin und ihre Tochter, die nur ein paar Häuser weiter wohnten, boten sich immer wieder an, auf Phillip aufzupassen, wenn wir zu Terminen mussten, zu denen wir ihn nicht mitnehmen konnten oder wollten. Sei es wegen der langen Fahrt mit öffentlichen Verkehrsmitteln, dem Zeitaufwand, oder, wie zunehmend öfter, wegen seines Allgemeinzustandes.

Das Wissen, mich auf sie verlassen zu können, stärkte mich sehr und gab mir eine gewisse Sicherheit, auch wenn wir ihr Angebot nie in Anspruch nahmen, da Phillip jedes Mal kurz vor einem dieser Termine wegen gesundheitlicher Beschwerden im Krankenhaus landete. Es war diese Nachbarin, die mich mit einer Lehrerin der Neuen Mittelschule bekanntgemacht hatte. Dieser verdanke ich meine erste Erfahrung mit Reiki. Gehört hatte ich bereits früher davon, aber es hatte keinen bleibenden Eindruck bei mir hinterlassen. Ich war dem Thema jedoch auch nicht abgeneigt. Obwohl sie mir nichts versprochen hatte, hoffte ich dennoch auf ein Wunder. Schließlich berichteten die Medien immer wieder von solchen Fällen. Da konnte ein Blinder wieder sehen, dort ein Lahmer wieder gehen. Ein dem Tode Geweihter besiegte seine Krankheit.

Leider war für uns so ein Wunder nicht vorgesehen.

Es war keine Armada an Freunden und Helfern. An den Fingern einer Hand hätte ich sie abzählen können. Aber diese hilfsbereiten Finger stützten mich mehr als all die Hände, die unnütz in den Hosentaschen steckten.

Und dann gab es noch ihn. Er war kein Arzt. Trotzdem vertraute ich ihm mehr als jedem weißen Kittel mit einem Doktortitel. Sein voller Terminkalender sprach für seine Qualifikation. Der beste Beweis für seine Erfahrung mit Kindern waren die Therapieerfolge mit seiner eigenen behinderten Tochter. Wo Ärzte im Krankenhaus bei einer vollen Windel auf Abstand gingen, um dem Geruch zu entkommen, packte er ohne Aufforderung an und half mir, mit einfachen Hilfsmitteln den Schleim aus Phillips Atemwegen abzusaugen.

Ihm verdankte ich auch den Tipp, die von dem Versicherungsträger abgelehnten Krankentransporte direkt bei Rotem Kreuz anzufragen.

Ununterbrochen ermutigte er mich, das Leben in meinem Kind zu sehen, anstatt ständig über seinen Tod nachzudenken. Unser Physiotherapeut war der Erste und lange Zeit der Einzige, dem die Muskelschwäche unseres Sohnes bereits bei der allerersten Begegnung aufgefallen war. Gleich bei unserem ersten Treffen verwies er uns an den Spezialisten Doz. Bernert und empfahl uns für Phillip die Vojta Methode, die kaum ein anderer Physiotherapeut anwendete. Ich informierte mich ausführlich und versuchte die Übungen an mir selbst. Natürlich reagierte ich nicht annähernd stark wie ein Kind. Mein erwachsener Körper wurde dabei nicht so extrem gereizt wie der eines Säuglings. Aber nach diesen Übungen konnte ich mit Sicherheit sagen, sollte unser Sohn dabei weinen, dann nicht vor Schmerz. Die Bewegungen, zu denen er animiert wurde, waren für ihn lediglich ungewohnt und ungewollt.

Leider machte ich die Erfahrung, dass diese Methode nicht nur für andere Eltern eine Herausforderung war, sondern auch für die meisten Physiotherapeuten, denen wir in den Krankenhäusern begegneten. Diese vertraten allesamt die Meinung, diese Übungen wären eine Qual für das Kind. Auf meine Frage, wie weit sie das beurteilen wollen, wenn sie in dieser Methode gar nicht ausgebildet sind, bekam ich keine Antwort.

Ob die anderen Therapeuten nicht wollten oder nicht konnten, spielte im Endeffekt keine Rolle. Für uns von Nachteil war jedoch, während unserer Krankenhausaufenthalte auf eine fachliche Unterstützung verzichten zu müssen. Nach der Entlassung mussten wir unter der Anleitung des Physiotherapeuten immer wieder von neuem anfangen. Erst nach mehreren Therapiestunden erreichten wir das Level der alten Erfolge wieder und jeder weitere länger andauernde Krankenhausbesuch warf uns trotz meiner Bemühungen erneut weit zurück.

Die Vojta-Therapie

Der Begründer dieser Methode war ein tschechischer Neurologe Prof. Dr. Václav Vojta (1917 - 2000)

Das Vojta-Prinzip oder auch die Reflexlokomotion nach Vojta wurde in den 50er/60er Jahren des 20. Jahrhunderts von seinem Namensgeber in Deutschland entwickelt. Ursprung waren das Studium der motorischen Entwicklung im 1. Lebensjahr und die Beobachtung von stereotypen motorischen Reaktionen auf definierte Reize in bestimmten Körperlagen. Diese Reaktionen erfassen den ganzen Körper (bis hin zur Gesichtsmuskulatur) und beeinflussen auch Atmung, Kreislauf und Verdauung. Sie beinhalten Aufrichtung gegen die Schwerkraft, Verschiebung des Körperschwerpunktes und automatische Haltungsadaptation, aber auch dynamische, zielgerichtete Bewegungen, und sie sind in Teilen in den menschlichen Bewegungsabläufen wiederzufinden. Vojta bezeichnete diese Reaktionen als „globale Muster", da die gesamte Skelettmuskulatur des Körpers in einer bestimmten Koordination aktiviert und das zentrale Nervensystem in allen seinen Schaltungsebenen angesprochen wird.

Daraus entwickelten Dr. Vojta und seine Mitarbeiter ein umfassendes Behandlungskonzept bestehend aus Diagnostik, Therapie und Rehabilitation.

Ziel ist es, die automatische Steuerung der Körperhaltung, die Stützfunktion der Extremitäten und die dafür erforder-

lichen koordinierten Muskelaktivitäten zu bahnen (I.V.G., 2001).

Die Therapie wird in genau definierten Ausgangsstellungen (in Rückenlage, Seitenlage, Bauchlage) durchgeführt. Durch gezielten Reiz (Periost- oder Muskeldehnungsreize) an definierten Auslösezonen an Extremitäten und Rumpf, auch Triggerpunkte oder Druckpunkte genannt, werden die natürlichen Unterstützungspunkte des Körpers stimuliert und die automatischen, motorischen Basismuster wie das Reflexkriechen und das Reflexumdrehen ausgelöst.

Dabei kommt es weniger zu einer wirklichen Bewegung, sondern zu einer intensiven, komplexen, koordinierten Aktivierung der benötigten Muskulatur, die auch noch einige Stunden lang nachwirken kann. Das Reflexkriechen und das Reflexumdrehen werden daher auch Koordinationskomplexe genannt.

Das Vojta-Prinzip sieht sich als eine Art „Innervationsschulung". Durch Erregung und Aktivierung des zentralen Nervensystems werden angeborene zentrale oder spinale Programme angesprochen und „ruhende" oder „blockierte" motorische Fähigkeiten geweckt oder in ihrer Entwicklung gefördert. Im Gegensatz zu den meisten anderen Behandlungsansätzen will man in der Vojta-Therapie keine willkürlich bewussten Bewegungen erzielen, weil diese oft mit kompensatorischen oder pathologischen Bewegungsmustern einhergehen. Gefördert werden nicht bewusst einsetzbare Muskelaktivitäten, um eine positive Veränderung auf Haltung, Bewegung und Ökonomie zu bewirken, eventuell sogar pathologische Ersatzmuster zu verhindern.

Vor der Therapie steht eine Beurteilung des quantitativen und qualitativen Bewegungsverhaltens des Patienten. Die Behandlung wird durch Kombination, Dosierung (Intensität, Druckrichtung) und Variation der Zonen und Ausgangsstellungen den Möglichkeiten des Patienten sowie der motorischen Entwicklung angepasst.

Mit dieser Therapie soll durch das Auslösen von Bewegungsreflexen, unter Beachtung von vorgegebenen Ausgangsstellungen und Reizpunkten, Menschen geholfen werden, die motorische Störungen haben, welche unterschiedlich begründet sein können. Das Lebensalter der Menschen, denen die Therapie hilfreich sein kann, sowie der Bewusstseinszustand und das Entwicklungsalter sind für den Einsatz dieser Therapieform irrelevant. Aus diesem Grund kann die Behandlung bereits bei Säuglingen durchgeführt werden, die aufgrund der Entwicklung ansonsten keine Bewegungen auf Anweisung durchführen würden.

Therapiezeiten von maximal 20 Minuten 3 – 4-mal täglich gelten als optimal für die Patienten. Für einen guten Therapieerfolg ist es wichtig, mehrmals täglich die Therapie zu Hause weiterzuführen. Die/der PhysiotherapeutIn ist zuständig für die Anleitung der Hilfspersonen sowie die regelmäßige Kontrolle der Ausführung und weitere Gestaltung der Therapie.

Der Einsatz dieser Methode bei Kindern ist umstritten. Die Behandlung stellt für Eltern und Kind eine ganz erhebliche Belastung dar. Von den Eltern erfordern die Übungen große Konzentration und auch körperliche Anstrengung. Ein Kleinkind kann auf diese Therapie mit Schreien und/oder Weinen reagieren. Im Internet trifft man auf Artikel und Videos, in denen den Eltern ausdrücklich von dieser Methode abgeraten wird (z.B. https://www.medizin-im-text.de/2019/7277/um-strittenes-vojta-liebe-mamas-habt-mehr-mut/)

Die Reaktion des Kindes verunsichert die Eltern. Sie hadern mit sich selbst, wie weit die Übungen dem Kind wehtun. Die Unmöglichkeit der verbalen Kommunikation, Schuldgefühle und Ängste, das Kind zu verletzen, oder die Liebe des Kindes zu verlieren, bedeuten psychischen Stress für die Eltern. (Quelle: Curado.de, Wikipedia)

Phillips Papa

Ein Mensch, der mir am nächsten stand und doch unerreichbar war.

Einerseits besuchte er uns täglich im Krankenhaus, wenn Phillip stationär aufgenommen wurde, und begleitete uns zu jeder kinderärztlichen Untersuchung. Und gönnte sich meine Mutter eine Auszeit, kam er sogar zur Mutterberatung mit.

Er war auch dabei, als uns die Neonatologin wie nebenbei die bestätigte Diagnose mitteilte. Ihm haben wir es zu verdanken, dass er uns nach dem Schock unversehrt nach Hause gefahren hat.

Andererseits ...

Als berufstätiger Mensch wollte er nach der Arbeit seine Ruhe haben. Entspannt vor dem Fernseher sitzen. Nicht seine wenige Freizeit mit einem quengelnden Kind verbringen und sich damit beschäftigen müssen, warum es nicht trank. Ebenso hatte er keine Nerven für die langwierige Nahrungsaufnahme durch die Magensonde. Bei den physikalischen Übungen war er ebenfalls nicht anwesend.

Da er am Tag arbeitete, gehörten auch die Nachtschichten mir alleine, damit er ausgeschlafen in die Arbeit fahren und sich auf diese konzentrieren konnte.

Mein Mann war ebenso mit dabei, als Phillip zu einer Untersuchung bei der Pensionsversicherung geladen wurde, um seine Behinderung beurteilen zu lassen.

Wenn ich anderen Terminen nachging, fuhr er zur Krankenversicherung, um die Verordnungen bewilligen zu lassen. Vorher musste ich allerdings alles vorbereiten, denn Konfrontationen hätte er sich nicht gestellt. Nachdem ich wieder anfing zu arbeiten und mir noch kein Urlaub zustand, begleitete er Phillip sogar alleine zur Kontrolle ins Krankenhaus. Ich hatte den Transport organisiert und gab ihm eine Liste mit Fragen, die er dem Arzt vorlegen sollte.

Bei längeren Krankenhausaufenthalten, wenn ich mit Phillip in einem Mutter-Kind-Zimmer untergebracht wurde, telefonierten wir manchmal die ganzen Nächte durch. Dabei schien alles genau so zu sein wie früher. Liebesgeflüster, Treueschwüre, Zukunftspläne.

Zuhause erfuhr ich diese Partnerschaft nicht. Wir verbrachten kaum Zeit miteinander. Ich übernachtete bei unserem Sohn und mein Mann alleine im Schlafzimmer.

Es war verletzend, weil er sich nie anbot, mich abzulösen, nie mit einem Vorschlag gekommen war, wie wir ein neues Problem angehen könnten. Kein einziges Mal schlug er vor, irgendeinen der vielen Wege, Termine oder Telefonate an meiner Stelle zu absolvieren.

Neben all den unerledigten Dingen und alltäglichen Sorgen dachte ich in dieser Zeit viel über Trennung nach. Nicht unbedingt, weil ich mich von meinem Mann im Stich gelassen fühlte. Mit der Trennung wollte ich ihn von der Verantwortung entbinden und ihm die Freiheit geben, die er vor unserer Ehe und vor allem, vor dieser Schwangerschaft hatte.

Als ich meinen Mann kennenlernte, war er bereits Vater eines Sohnes. Er hatte kaum Kontakt zu ihm und es ist uns bis heute nicht bekannt, ob er Träger dieses genetischen Defektes ist. Selbst betroffen ist er jedoch nicht und dies trieb weiterhin meine Gedanken über eine Trennung an, denn mit einer anderen Frau hätte mein Mann bedenkenlos ein weiteres gesundes Kind bekommen können.

Ich wusste nicht, was in meinem Mann vorging. Jeder von uns lebte zu dieser Zeit in seiner eigenen Welt, jeder verarbeitete die Situation anders, jeder litt für sich alleine. Phillip stand an der ersten Stelle. Für andere Gemeinsamkeiten blieben keine Zeit und auch keine Energie übrig.

Das Rote Kreuz

Mein Mann blieb weiterhin stur und weigerte sich seinen Vater zu kontaktieren und um Unterstützung zu bitten. Ich brachte es nicht fertig, ihn zu hintergehen und selbst den Schwiegervater zu fragen, ob er uns bei den Therapietransporten behilflich sein könnte. Also fuhr ich in die Bezirkshauptstadt zur Leitstelle vom Roten Kreuz, erzählte dort von unserer Situation, wie auch von der ablehnenden Haltung der Versicherung und trug die Bitte vor, uns bei den Transporten zu unterstützen.

Vielleicht hatte der Vorsitzende der Leitstelle in Gänserndorf schon immer das Herz auf dem richtigen Fleck. Vielleicht war es meine Geschichte oder meine Tränen, die ihn erweichten. Er machte mir einen Vorschlag, den ich nicht ablehnen konnte. Das Angebot der Transporte zu Selbstkosten war für mich die beste, weil auch die einzige Lösung unseres Problems.

Neunzehn Euro je gefahrene Richtung. Achtunddreißig Euro pro Therapiestunde. Immer noch viel Geld, aber diese Sicherheit bot uns weder die Schnellbahn noch der Rücksitz eines PKWs. Kaum Ansteckungsgefahr in der kalten Jahreszeit. Liegend auf der Trage war das Optimalste für Phillips Atmung. Seine Lunge wurde nicht zusammen gedrückt und er konnte frei atmen.

Es war eine wunderbare Nachricht, mit der ich an diesem Tag nach Hause fuhr. Doch bereits die ersten Transporte verliefen nicht reibungslos ...

An manchen Tagen kam der Wagen gar nicht, denn in der Zentrale war meine Bestellung unauffindbar. An anderen Tagen verspätete sich der Wagen und wir mussten die Therapiestunde sausen lassen. Der Therapeut hatte die Termine dicht getaktet gehabt. Mit einer Verspätung wäre ihm der gesamte Tag durcheinander geraten. Es reichte nicht, den Termin in der Zentrale des Roten Kreuzes einfach nur im Voraus anzumelden. Um die pünktliche Abholung sichergestellt zu wissen, musste ich mir diesen jedes Mal am Vortag und sogar an dem Tag, an dem der Transport stattfinden sollte, telefonisch bestätigen lassen.

Eine andere Lösung ... gab es nicht.

Zurück im Berufsalltag

Manchmal fragte ich mich: "Wozu das Ganze?" Das Gespräch mit dem Roten Kreuz, die physikalische Therapie, das Verhandeln mit dem Versicherungsträger um die Bewilligung der Sonden ... Es verging kaum eine ganze Woche, in der wir nicht ins Krankenhaus mussten. Dabei beharrten erst vor kurzem noch alle darauf, dass ich die Mutter eines völlig gesunden Kindes war.

Inzwischen war Phillip andauernd krank. Handelte es sich nicht um eine Erkältung oder einen Infekt seiner Atemwege, dann war die Operation seiner Hoden an der Reihe. Nein – sie wurden nicht wie prophezeit kleiner. Es ging schlussendlich auch nicht darum, ob sie uns gefielen, oder nicht. Unser Kinderarzt legte uns nahe, diesen Eingriff vornehmen zu lassen, um möglichen Problemen in späterer Folge aus dem Weg zu gehen.

Hin und wieder suchten wir das Krankenhaus auch nur wegen einem schlichten Kontrolltermin auf.

Man ließ uns in einem Raum voller Kinder mit ansteckenden Krankheiten warten. Früher hatte niemand an seinem Zustand etwas auszusetzen. Jetzt wollten sie ihn nach jeder erfolgter Untersuchung stationär aufnehmen, um ihn zu beobachten.
So sehr ich bislang auf das Wissen und die Absichten der Ärzte vertraute, nach den ernüchternden Erlebnissen und vor allem nach den Vorwürfen, die mir gemacht

wurden, verlor ich das Vertrauen zu den Ärzten. Zudem bedeutete die stationäre Aufnahme nicht nur die Isolation meines Sohnes, sondern auch meine. Keine Spaziergänge an der frischen Luft, ein schlechter Schlaf und jedes Mal einen Rückfall, betreffend der mageren Erfolge in der Physiotherapie.

Was für die Familie Odones das Öl bedeutete, waren für uns die Übungen beim Physiotherapeuten. Ich war der Überzeugung, dass Phillip auch deshalb so rasend schnell körperlich abbaute. Dem wollte ich nicht tatenlos zusehen. Im Gegenzug stand jedes Mal auf dem Patientenbrief: wurde auf Wunsch der Eltern nach Hause entlassen. Natürlich diente dieser Satz nur zum Schutz des Krankenhauses. Trotzdem klang es für mich danach, als hätte ich meinem Sohn notwendige medizinische Versorgung verwehrt.

Es nutzte nichts. Obwohl er regelmäßig seine Synagisimpfung bekam – sein schwaches Immunsystem konnte in dieser kalten Jahreszeit den Viren nicht genügend Widerstand leisten und der nächste Krankenhausbesuch ließ nicht lange auf sich warten ...

*

Bevor es für mich hieß, wieder arbeiten zu gehen, musste Phillip noch einige Blutuntersuchungen absolvieren. Diese Krankentransporte erfolgten jedes Mal aufgrund einer ärztlichen Überweisung und wurden anstandslos von dem Sozialleistungsträger übernommen.
In Preyer'schem Kinderkrankenhaus lief alles anders ab, als in dem, in dem wir bislang regelmäßig betreut wurden. Hier erwartete man uns. Jedes Mal stand uns ein

Einzelzimmer zur Verfügung, um Phillip von möglicher Ansteckungsgefahr zu isolieren. Es wäre übertrieben und unpassend zu sagen, dass es sich um einen Empfang mit offenen Armen handelte. Aber wir trafen jedes Mal auf ein offenes Ohr für unsere Fragen und Anliegen.

Derweil man für Phillip die Dosierung der Valproinsäure und des Carnitins neu berechnete, unterhielten wir uns mit der Diätberaterin. Phillip nahm immer noch viel zu wenig zu. Frau Repp schlug uns die Spezialnahrung Infatrini vor. Es handelte sich hierbei um energiereiche Milchnahrung für Säuglinge bis zwölf Monate. Fertig angemischt und praktisch in Fläschchen abgefüllt.

Vorausschauend bat ich gleich um ein Begleitschreiben, das ich dem Chefarzt unserer Krankenkassenfiliale vorlegen konnte. Auf dieses ewige Spiel, wer den längeren Atem und mehr Ausdauer besaß, hatte ich keine Lust mehr.

Ich bekam auch eine Telefonnummer, sollte ich noch Fragen haben, oder sollten irgendwelche Probleme auftreten.

Zwischenzeitig organisierte man für uns ein Absauggerät. Phillips Atemwege wurden zunehmend mit Schleim verstopft, daher auch die ständigen Atemprobleme.

Die Firma Pulmomed lieferte prompt ins Krankenhaus und wir konnten das Gerät nach einer kurzen Einführung anschließend mit nach Hause nehmen.

Doz. Bernert handelte zudem vorausschauend und bestellte bei der Firma Linde die häusliche Sauerstoffversorgung. Nur wenige Tage später bekamen wir eine große Sauerstoffflasche ins Haus geliefert. Dazu eine kleine Atemunterstützung für unterwegs. Hoffend, dass wir beides nie brauchen würden, verstauten wir die Flaschen in einer Ecke, um sie aus dem Blickfeld zu schaffen.

Wir wollten nicht ständig an das Schlimmste erinnert

werden.

Während dieser sechs Monate vergeudete ich keine Zeit für mich alleine. Ich war nicht shoppen, auch nicht Kaffeetrinken mit Freunden. Die zuletzt gekauften Bücher verstaubten im Regal, das Wort Hobby nahm ich gar nicht erst in den Mund. Und dann war mir einfach danach, etwas Verrücktes zu tun. Vielleicht gar nicht so verrückt, wie unnötig, aus der Sicht der anderen. Geld, das wir dringend brauchten, aus dem Fenster zu schmeißen. Ich hätte es auch Jahre später machen können, aber dann hätte es Phillip womöglich nie zu sehen bekommen. Ich ließ mir einen kleinen Vogel auf die rechte Wade tätowieren. Süß und unschuldig, wie unser Sohn. Geschützt zwischen seinen Flügeln trage ich die Initialen unseres Kindes. P-T. Für immer. Unser Kleiner sollte das anfassen können, was die Passanten auf der Straße nur zu sehen bekommen.

Da Phillip zu dieser Zeit noch lebte, ist es nicht nur ein Andenken. Manchmal, wenn ich mir mein Bein anschaue, ist es, als müsste ich mich nur umdrehen und Phillip würde mir zulächeln ...

*

Die Zeit verging schnell. Die drei zusätzlichen Monate Karenz waren wie im Flug vergangen und ich saß wieder im Büro, an meinem Schreibtisch und war mit Dingen beschäftigt, an die ich in den letzten Monaten keinen einzigen Gedanken verloren hatte.

Das Gefühl, mit dem ich jeden Tag ins Büro fuhr, war schwer zu beschreiben. Bis zu einem gewissen Grad konnte man von Ablenkung sprechen. Acht Stunden am

Tag musste ich keine Windeln wechseln, nicht die therapeutischen Übungen durchführen und ich hielt auch keine Spritze mit Kindernahrung in der Hand.

Aber ich hörte auch nicht, wie er atmete und so sah ich immer wieder auf das Handydisplay, um mich zu vergewissern, dass ich einen möglichen Hilferuf meiner Mutter nicht versäumt hatte.

Ich hatte auf keinen Fall die Verantwortung abgegeben. Kaum war ich in der Früh im Büro angekommen, musste ich beim Roten Kreuz anrufen, ob der Transport zum Therapeuten auch klappen würde. Oder ich hetzte die Dame in der Zentrale umher, wenn mich meine Mutter anrief, um mir von der Verspätung des Krankenwagens zu berichten. Auch die Kontrolltermine wegen der Valprointherapie gehörten organisiert. Also musste ich meine berufliche Tätigkeit so fehlerfrei durchführen, um die Anzahl der unvorhergesehenen Pannen und Zwischenfälle gering zu halten.

Jede Urgenz des Kunden oder ein Sondertransport, für den ich zu sorgen hatte, waren nicht nur schlecht für das Unternehmen. Der zusätzliche Aufwand kostete auch mich wertvolle Zeit und raubte mir zusätzlich Energie.

Überstunden konnte ich mir nicht erlauben.

Dieser Job bedeutete für mich keinen Sprung auf der Karriereleiter. Ich hatte auch nicht mein Hobby zum Beruf gemacht. Die Arbeit war abwechslungsreich und forderte meinen Einfallsreichtum und Spontaneität. Bedeutend war auch der Verdienst, mit dem wir zusätzlich zu dem Gehalt meines Mannes unseren Lebensalltag finanzierten. Der Rückhalt der Geschäftsleitung, den ich in dieser Zeit zu spüren bekam, war äußerst hilfreich. Ich wusste es zu schätzen, denn so eine Einstellung erfuhr ich nicht mal von der nahen Verwandtschaft.

Unser Schicksalsschlag öffnete mir zudem die Tür zu

einem besonderen Club. Es war kein offizieller Club und seine Mitglieder waren ihm nicht freiwillig beigetreten. Ich erfuhr von seiner Existenz und durfte jetzt schon den einzigen Nutzen daraus ziehen, den seine Mitglieder mir bieten konnten. Die Austauschmöglichkeit. Es war der Club der verwaisten Eltern.

Der Firmeninhaber hatte vor Jahrzehnten seine kleine Tochter verloren. Sie – sein erstes Kind – war an einem Herzfehler gestorben. Unser Einkäufer musste bei seinem ersten Nachwuchs mit dem plötzlichen Kindstod fertig werden. Einer der Kollegen hatte erst vor kurzem beide Kinder, ein anderer Kollege seine einzige Tochter an Leukämie verloren.

Ich fühlte mich dadurch nicht besser. Aber es waren gerade diese Menschen, besser gesagt, die Art, wie sie ihr weiteres Leben meisterten. Das zu sehen, nicht nur davon zu hören, half mir sehr dabei, mein eigenes Leben langsam wieder auf die Reihe zu bekommen.

Andere gingen über den Rahmen ihres Aufgabengebietes hinaus und erleichterten mir damit meine Arbeit. Viele erkundigten sich jeden Morgen nach meinem Befinden und nach dem Zustand meines Sohnes. Andere gingen mir aus dem Weg, mieden jedwede Begegnung. Auch das half. Und dann gab es noch Mitarbeiter dieser Art ...

"Na, du ziehst ja heute wieder einen Fotz!" Das war die regelmäßige Begrüßung der Kollegin, mit der ich meinen Arbeitsplatz teilte.

Vielleicht hätte ich mir statt dem Vogel auf die Wade ein breites Grinsen ins Gesicht stechen lassen sollen ...

Dies war eine merkwürdige Zeit. Als hätte ich mein eigenes Leben mit sämtlichen Empfindungen und sogar den eigenen Willen wie einen Mantel abgestreift und in fremde Aufbewahrung gegeben. Mein Alltag lief wie vorprogrammiert ab und ich handelte wie ferngesteuert. Nach sechs Jahren Zugehörigkeit im Unternehmen war ich mit verschiedensten Vorgängen betraut, um auch anderswo eingesetzt zu werden. Auf welchem Stuhl mein Hintern Platz fand, war für mich nicht wichtig. Neues zu lernen, dafür war ich seit jeher offen, denn einmal erworbenes Wissen konnte mir niemand mehr nehmen. Ich war nicht am Kaffeetratsch mit den Kollegen interessiert. In meinem Kopf war nur mehr Platz für meinen Aufgabenbereich. Für mich war wichtig, diese Aufgaben schnell, effizient und möglichst ohne Fehler und sonstige Zwischenfälle zu erledigen. Da ich Rechtshänder bin, trug ich mein Mobiltelefon den ganzen Tag in der linken Hand, als wäre es dort angewachsen. Nur um beim ersten Vibrieren abheben zu können. Mein Blickfeld war sehr beengt und das machte mich schwach und angreifbar für Leute, die sich von meiner persönlichen Situation nicht beeindrucken ließen, oder im Gegenteil, meine allgemeine Unaufmerksamkeit für ihre persönlichen Interessen nutzen wollten.

Aber es waren nicht nur meine Augen, die an meinen Fingern hafteten. In Februar waren die sonnigen Tage noch sehr rar, trotzdem folgte mir ein Schatten auf Schritt und Tritt durch das Firmengelände und man sah mir stets wachend über die Schulter. Es war sehr lästig, jeden Schritt drei Mal zu erwägen, jede Lösung zu überprüfen und jede Entscheidung in Frage zu stellen. Ich bekam den Eindruck, als müsste ich mich beweisen, dabei war meine Probezeit schon seit langem verstrichen. Es handelte sich jedoch nicht um die bekannte Mentalität, mit der ich bereits in der Vergangenheit zu tun hatte. Sogar die männlichen Mitarbeiter hielten sich zurück, die mich noch vor einem Jahr deutlich wissen ließen, dass sie sich von einer Frau nichts sagen lassen. Es waren Kollegen, mit denen ich arbeitstechnisch wenig zu tun hatte. Diese waren plötzlich sehr daran interessiert, die Geschäftsführung davon zu überzeugen, dass mich meine private Situation dermaßen überforderte und ich mich auf meine berufliche Tätigkeit nicht konzentrieren konnte, oder gar außer Stande war, meine Aufgaben ordnungsgemäß zu erledigen. Unter dem Vorwand, es nur gut mit mir zu meinen, stellten sie meine Entscheidungen vor den Vorgesetzten in Frage, ohne selbst eine andere Lösung parat zu haben.

Wie sollte man da nicht paranoid werden und dem Glauben verfallen – die ganze Welt hätte es auf einen abgesehen?

*

Ich bin ein Mensch, der sich behauptet und beweist.

Es fiel mir schwer, mich nicht auf diese Machtkämpfe einzulassen. Gerade, nachdem ich zurück ins Berufsleben gekehrt war, musste ich mir bewusst vor Augen führen, trotz der Ablenkung im Büroalltag Phillips Bedürfnisse nicht aus den Augen zu lassen.

Die Arbeit war für mich stets wichtig. Als Disponentin waren manche Tage eine einzige Challenge und schließlich verdiente ich mit meiner Arbeit unseren Unterhalt und genau in dieser Zeit brauchten wir jeden Cent mehr als sonst.

Bei der Trennung von meinem Exmann musste ich um das alte Haus kämpfen. Es kostete nicht nur mich, sondern auch meinen jetzigen Mann viel Energie und auch Geld, es umzubauen, damit es für unsere Familie zum Heim wurde. Sollte ich nicht gleichzeitig die Anforderungen zuhause und im Job schaffen, wollte ich notfalls auf die Arbeit und wenn es sich nicht verhindern ließe, auch auf das mit einem Darlehen belastete Haus verzichten.

Mein Sohn brauchte eine starke Mutter. Nicht ein Häufchen Elend, das außer jammern, wie übel ihr das Schicksal mitspielte und die ganze Welt sich gegen sie verschwor, nichts anderes zustande brachte. Manchmal entpuppt sich der Verzicht tatsächlich als die beste Entscheidung. Weil ich mich entschied diesen Zwang aufzugeben – es unbedingt schaffen zu müssen und alle, wirklich alle zu überzeugen, löste sich meine berufliche Anspannung. Mein Blickwinkel nahm plötzlich am Volumen zu. Es gelang mir, die meisten Fehler noch vor ihrem Entstehen zu entdecken, sämtliche Pannen im Keime auszumerzen. Die Zufriedenheit der Kunden und die pünktlichen Lieferungen sprachen für mich. Meine Leistung bescherte mir einen guten Ruf bei den Kunden und das machte auch in der Etage der Geschäftsführung die Runde. Es stärkt auch heute noch mein Selbstbewusstsein, wenn ich einem ehemaligen Kunden begegne und er sich an die gute Zusammenarbeit mit mir erinnert, ohne ihn darauf direkt anzusprechen. Und ja, auch in genau solchen Erfolgserlebnissen schöpfte ich Energie, die ich zuhause sehr gut gebrauchen konnte.

Die Taufe

Ich bin ein Kind des sozialen Regimes. Den Nachwuchs zu taufen, passte nicht zu unserer Gesellschaft. Trotzdem hielten sich nur die wenigsten daran. Außer mir und meiner jüngeren Schwester gab es in meinem Bekanntenkreis niemanden, der nicht getauft wurde. Als Tochter eines ehemaligen Parteimitglieds kamen wir beide nie in den Genuss, Taufpaten zu haben. Wir wurden nicht gläubig erzogen, glaubten selbst nicht an Gott. Durch Phillips Krankheit fühlte ich mich in dieser Überzeugung zusätzlich bestätigt.

Und doch saß ich eines Tages in der Pfarrkanzlei, erzählte dem Pfarrer von unserer Familie und vereinbarte einen Termin für Phillips Taufe.

Vielleicht, weil er noch ein Kind war. Womöglich, weil ich nicht getauft wurde. Wahrscheinlich glaubte ich doch unterbewusst an das, was die Wissenschaft nicht erklären konnte und was für die Menschheit nicht greifbar war.

Wie auch immer – es war mir einfach ein Bedürfnis. Eventuell handelte ich gar nicht so uneigennützig. Die meisten der Genossen predigten eines und praktizierten selbst etwas ganz anderes. Mein Vater war trotz seines Parteiheftes durch und durch ein gläubiger Katholik.

Sollte es eines Tages zum Schlimmsten kommen, wollte ich nicht den Vorwurf zu hören bekommen: „Das ist die Strafe Gottes, weil du ihn nicht hast taufen lassen!"

Der Pfarrer akzeptierte meine Gedankenvorgänge. Ich erzählte ihm, dass mein Mann aus der evangelischen Gemeinde ausgetreten war. Ich erklärte ihm, was für mich Taufpatenschaft bedeutete. Meine Wahl war ungewöhnlich. Üblich war, dass die Taufpaten ungefähr im gleichen Alter waren wie die Eltern des Kindes. Aber unser Freundeskreis hatte die Größe einer Handfläche und von unserer gleichaltrigen Verwandtschaft kam für uns niemand in Frage.

Früher machte ich mir nie Sorgen um mein Leben. Was sollte schon passieren und vor allem, was wäre schon, wenn mir was zustieße? Mit einem Mal sah die Sache ganz anders aus. Dieses kleine hilflose Wesen wäre dann ganz auf sich alleine gestellt. Ich entschied mich für meine Mutter. Es mag unverschämt klingen, aber ihr traute ich mehr zu als meinem eigenen Mann.

Wie Heiligabend und Silvester sollte auch die Taufe ein schönes Erlebnis für unseren Sohn werden. Also drängte ich meinen Mann dazu, seinen Vater einzuladen. Phillip sollte endlich seinen Großvater kennenlernen. Aber der Papa weigerte sich weiterhin, den Streit zu beenden.

Die Taufe fand im kleinsten Familienkreis statt. Hätten wir nur die Personen eingeladen, die uns in dieser Zeit tatkräftig zur Seite standen, hätten wir die Taufe glatt in unserem Wohnzimmer abhalten können. Organisatorisch wäre es bestimmt die bessere Wahl gewesen, denn in der Kirche war es ungemütlich kalt und mit dem mobilen Sauerstoffgerät war die Abhandlung alles andere als einfach. Hustende und schniefende Gäste stellten zudem eine Ansteckungsgefahr dar.

Der Winter war schließlich noch nicht vorbei und so manch anderes auch nicht ...

Mein mühsam aufgebautes und erprobtes System bekam die ersten Risse.

Meine Mutter, mittlerweile 61 Jahre alt, brauchte immer öfters Auszeiten. Aber es war nicht mal so Phillip und seine Betreuung, die ihr zusetzten. Ich achtete darauf, dass sie nachts genügend Schlaf bekam, und übernachtete alleine bei meinem Sohn. Nach der Arbeit zog ich mich lediglich um und übernahm sofort alle Aufgaben, die anstanden. Erst spät abends, als Phillip einschlief, gönnte ich mir eine Dusche und das Abendessen. Ich tat alles, um sie zu entlasten. Wo ich nur konnte, kam ich ihr entgegen. Ich bereitete die Nahrung portionsweise vor und lagerte sie im Kühlschrank. Alles war stets griffbereit, damit sie nichts lange suchen musste. Auf ihre mageren Deutschkenntnisse hatte ich keinen Einfluss. Die fremde Umgebung setzte ihr zusätzlich zu. Wenn sie jemand auf der Straße ansprach, hatte sie meist keine Ahnung, worum es ging. Immer wieder fragte sie, warum niemand aus der Familie meines Mannes helfen wollte. Warum sie niemand aus seiner Verwandtschaft ablösen kam. Ich konnte ihr darauf keine Antwort geben.

Und dann, eines Tages, als Phillip bereits fünf Monate alt war, bot sich die Schwiegermutter urplötzlich an, zu helfen. Im ersten Augenblick glaubte ich, Ostern und Weihnachten gleichzeitig zu feiern. Meiner Mutter war die Erleichterung anzusehen, als ich ihr den Vorschlag übersetzte. Sie verstand leider nicht, was danach gesprochen wurde. Die Schwiegermutter wollte uns sehr gerne unterstützen, an den Tagen, wo sie sich selbst gut fühlte. Bei knappen 66 Jahren war ihre körperliche Verfassung nicht mehr die beste. Leider ließ sie schon vor Phillips Geburt unsere Verabredungen öfters platzen. Meistens lag es jedoch nicht an körperlichen Beschwerden. Oft ging es ihr psychisch nicht gut.

Meine Hoffnungen bröckelten auseinander, wie eine Sandfigur im Wind. Das war noch schlimmer als die Transporte des Roten Kreuzes. Wenn die nicht kamen, fiel nur eine Therapiestunde ins Wasser. Sie sollte für die Zeit der Abwesenheit meiner Mutter bei uns einziehen. Während ich arbeitete, sollte Phillip mindestens drei Mal eine Mahlzeit bekommen. Ihr bereitete es Probleme, den Inhalt einer vollen Spritze in die Sonde zu drücken. Vor jeder Mahlzeit musste man mit Phillip die Therapieübungen

durchführen. Bereitwillig sah sie mir zu, als ich ihr zeigte, wie es ging. Als sie es selbst versuchte, bemerkte ich ihren Gesichtsausdruck. Wir brauchten jemanden, der ohne lange Reden zupackte. Gute Absichten alleine halfen uns nicht. Wir konnten uns nicht erlauben auf die Therapieübungen zu verzichten, nur weil es ihr im Herzen wehtat, Phillip am Ellenbogen zu drücken. Und ich konnte nicht jeden Tag mit der Ungewissheit aufstehen, ob ihr der Himmel nicht zu grau wäre und sie deshalb nicht aus dem Bett käme. Ich befürchtete, regelmäßig in der Firma absagen zu müssen.
Nein, ich traute ihr diese Aufgabe nicht zu.
Und, nicht einmal mein Mann wollte sich auf seine Mutter verlassen müssen.
Zudem hatte ich Bedenken, sie könnte Phillips Atemnot bei einer ihrer Soapserien schlichtweg übersehen ...
Eine andere Lösung musste her.

Für diesen Termin nahm ich mir einen freien Tag. Unser Physiotherapeut empfahl mir eine Mitarbeiterin der Sozialabteilung auf der Bezirkshauptmannschaft. In der Vergangenheit hatte sie schon etlichen von seinen Patienten geholfen. Ich war zuversichtlich, denn schon einmal erwies sich seine Empfehlung Goldes wert.
Ein Halbtagsjob wäre für unsere Situation nicht hilfreich. Dieser Verdienst würde unsere Unkosten nicht decken. Aber auch von meinem jetzigen Gehalt konnten wir uns keine intensive Betreuung für Phillip leisten.
Nach einer Stunde ausführlichen Gesprächs verabschiedete mich die Dame aus ihrem Büro und versprach mir, sich bald mit einer Lösung bei mir zu melden. Ich dachte an einen mobilen Kinderphysiotherapeuten. In unserem Bezirk hatte ich keinen solchen gefunden, aber ich vertraute auf die Kontakte des Sozialamtes. Man sollte uns kein Geld aufs Konto überweisen. Eine praktische

Unterstützung wäre Entlastung genug. Phillip müsste nicht außer Haus, die Transportkosten und auch die Sorge bezüglich der Zuverlässigkeit dieses Dienstes wären kein Thema mehr. Würde das Land die Kosten für den Therapeuten übernehmen, bliebe genug Geld übrig, um uns professionelle Hilfe ins Haus zu holen. Ich dachte an eine Tagesbetreuung. Wenigstens für eine ganze Woche im Monat. Das wäre eine enorme Entlastung für meine Mutter.

Ich hatte Phillips Tagesablauf und seine Bedürfnisse genauestens beschrieben. Auch habe ich unsere finanzielle Lage bis ins kleinste Detail erklärt und mit entsprechenden Unterlagen belegt. Ich erklärte ebenso, dass ich den letzten Ausweg in meiner Kündigung sah, die jedoch in späterer Folge womöglich eine Zwangsversteigerung des Hauses bedeuten würde.

Die Sozialamtsmitarbeiterin notierte alles sorgfältig. Ich fuhr hoffend nach Hause und wartete auf die versprochene Lösung.

17. Februar 2005

Phillip ging es seit zwei Tagen nicht gut. Er war stets müde, schlief viel und hatte knapp über 37° Fieber. Leicht erhöhte Temperatur hatte er schon öfters. Nach einer Nacht Monitoring im Spital durfte er jedes Mal ohne Medikamente wieder heim. Ich wollte ihn nicht schon wieder in einer fremden Umgebung ganz alleine lassen müssen, nur weil kein Mutter-Kind-Zimmer frei war. Vor allem nicht jetzt, wenn ich arbeitete und beinahe den ganzen Tag nicht zuhause war und ihn deshalb nicht besuchen konnte. Meine Angst um ihn war groß. Also gab ich seinem Zustand noch einen Tag und sollte er sich nicht wesentlich bessern, wollte ich den Kinderarzt aufsuchen.

Täglich ließ ich mein Handy im Büro nicht aus den Augen. Mit jedem Tag ohne Zwischenfälle fühlte ich mich sicherer. Am Donnerstag, den 17. Februar war es mit dieser Sicherheit vorbei.

Meine Mutter rief mich völlig aufgelöst an. Nach dem Frühstück war Phillip eingeschlafen. Seitdem waren Stunden vergangen und sie bekam ihn nicht mehr wach. Ich erinnerte mich sofort an den Atemstillstand im Fotostudio.

"Ich muss nach Hause."

Mein Vorgesetzter verlangte keine weitere Erklärung und gab mir nur mit auf den Weg: "Fahr vorsichtig."

Ohne weiter Zeit zu verlieren und meinen Mann, der sich in der Produktionshalle aufhielt, zu benachrichtigen, machte ich mich umgehend auf den Weg.

Die knappen zehn Kilometer kamen mir noch nie so weit

vor.

Im Vorzimmer stolperte ich über mehrere Pakete mit der Kindernahrung. Die Krankenversicherung hatte die Sonderkost zuerst ablehnen wollen. Zum Glück hatte ich das Schreiben des Krankenhauses mit. Man versprach mir, die Entscheidung zu überdenken, und schickte mich damals mit leeren Händen nach Hause. An diesem Tag kam die Lieferung unerwartet mit der Post. Ich schickte meine Mutter mit ihrem Hund an die frische Luft. Sie war damals in dem Fotostudio nicht dabei gewesen. Wie damals, wusste ich auch jetzt nicht, was alles auf mich zukam. Was auch immer es sein mochte, zumindest ihr sollte es erspart bleiben. Phillips Atmung war sehr flach. Aber er atmete. Ich schob die riesige Sauerstoffflasche ins Wohnzimmer, hing ihm den Schlauch unter die Nase und drehte das Ventil voll auf. Dann rief ich die Rettung an. Vielleicht war es an diesem Tag so weit. Dagegen sträubte ich mich gar nicht. Nur untätig zusehen konnte ich ihm dabei nach wie vor nicht ...

Die Rettung hatte den Notarzt in unserer Gemeinde verständigt. Dieser ist zudem Oberarzt auf der gynäkologischen Station des Krankenhauses, in dem Phillip geboren wurde. Dazu praktischer Arzt, Frauenarzt und noch so einiges, worüber man froh ist, wenn man es braucht. Dazu noch der Onkel der Freundin, die in dieser schweren Zeit immer ein Ohr für mich offen hatte.
Er kam als Erster bei uns an, ließ seinen Wagen mitten auf der Straße stehen. Ohne anzuklopfen, stürmte er durch die angelehnte Haustür, noch bevor ich ihm entgegenkommen konnte. Er fackelte nicht lange herum und kümmerte sich sofort um Phillip. Die aufgedrehte Sauerstoffflasche war ihm fürs Erste wohl Erklärung genug.
Erst als Phillip endlich seine Augen öffnete und wieder Farbe ins Gesicht bekam, ließ er sich von mir die ganze

Krankengeschichte erzählen.

Das alles dauerte nur wenige Minuten. In dieser Zeit war auch der Rettungswagen angekommen.

"Ich will mit ihm ins Preyer'sche Kinderspital." Um nichts auf der Welt hätte ich meinen Sohn in unser altes Krankenhaus bringen lassen. Ich erwartete Einspruch, da es gleich einige Krankenhäuser gab, die wesentlich kürzere Anfahrtszeit benötigten.

Aber niemand stellte meine Entscheidung in Frage. Ich packte Phillip warm ein, der Sanitäter brachte ihn in den Rettungswagen. Der Arzt wünschte uns alles Gute und verabschiedete sich. Bevor ich die Haustür hinter uns schließen konnte, war meine Mutter zurückgekehrt. Der Schock stand ihr immer noch ins Gesicht geschrieben. Ich sagte ihr nur, sie solle sich keine Sorgen machen. Dann stieg ich in den Rettungswagen, ließ mich auf einem der Sitze fallen und schnallte mich an. Mit Blaulicht und Sirene fuhren wir los.

Unterwegs rief mich unser Notarzt an und informierte mich darüber, dass er uns im Krankenhaus angekündigt hatte. Das Personal wäre vorbereitet und man würde uns erwarten.

Ich war beruhigt. Genau so stellte ich mir den Einsatz eines kompetenten Arztes vor.

Ich war diesem Arzt während meiner Schwangerschaft bei einer Routineuntersuchung im Krankenhaus begegnet. Bei seinen vielen Patientinnen konnte er sich bestimmt nicht mehr an mich erinnern. Und in der jetzigen Situation war kein Platz für Bemerkungen, wie: "Übrigens, ich kenne Ihre Nichte ..."

Phillip war für ihn ein Notfall und genau so hat er ihn behandelt.

Unser Sohn kam direkt auf die Intensivstation und ich musste mich im Warteraum gedulden. Der Ablauf meiner Handlungen war bis zu diesem Augenblick wie einstudiert. Ich selbst kam mir abgebrüht vor. Als würde mich die Angelegenheit nicht persönlich betreffen und ich hätte im Namen eines Dritten agiert.

Jetzt, da ich Phillip in guten Händen wusste, fühlte ich mich, als hätte ich die Verantwortung übergeben. Trauer holte mich ein, Angst machte sich in mir breit und wie eine Flutwelle überrollten mich auch die restlichen Gefühle. Ich schämte mich plötzlich für die Gedanken, dass Phillip eventuell in den kommenden Momenten sein Ende bevorstand und ich fragte mich, wo all die Hoffnungen und Pläne für die Zukunft geblieben waren, die ich in der letzten Zeit so fleißig geschmiedet hatte.

Das abgenutzte Gemäuer des Krankenhauses erinnerte mich an ein altes Wohnhaus. Der Aufzug hielt im Zwischenstock an, ungeeignet für Kinderwagen und Rollstühle. Das Weiß der Wände war längst vergilbt, der Putz an manchen Stellen abgebröckelt.

Als ich später in der Firma erwähnte, in welchem Krankenhaus unser Sohn lag, bekam ich zu hören: "Preyer gibt's noch? Das wollten sie schon längst schließen ..."

Man hatte es noch nicht getan. Darüber war ich sehr froh.

Irgendwann waren mir sogar die Gedanken ausgegangen und ich saß nur mehr da, starrte ins Nirgendwo. Erst als sich mein Vorrat an Taschentüchern seinem Ende neigte, war Phillips erste Untersuchung zu Ende und ich durfte zu ihm.

Seine schwere Dyspnoe (Atemnot) war kein harmloser Infekt, wie ich dachte. Die Aufnahmeuntersuchung zeigte einen hohen Kohlenstoffdioxidgehalt im Blut. Als ich in sein Zimmer kam, wurde ihm bereits 100%iger Sauerstoff zugefügt.

Wegen seines Allgemeinzustandes und weil er sich als deutlich schockiert zeigte, rieten mir die Ärzte, ihn dort zu lassen. Nicht nur zur Beobachtung. Während meiner Aufklärung bekam Phillip seine ersten Antibiotika verabreicht.

Auch ich war schockiert. Ich war felsenfest überzeugt, ich hätte alles voll im Griff. Mein sorgfältig aufgebautes Kartenhaus fiel in sich zusammen und ich musste erneut einsehen, dass ich dieser Krankheit nicht gewachsen war.

Ich ließ unseren Sohn im Krankenhaus zurück. Er lag auf der Intensivstation. Bei den vielen Ärzten und Schwestern, die sich mit ihm beschäftigten, war ich von seiner intensiven Betreuung überzeugt. Bislang waren wir in diesem Krankenhaus stets nur ambulant behandelt worden. Daher wurde ich jetzt erneut mit der Frage konfrontiert: Lebensrettende Maßnahmen – ja oder nein?

Vor einigen Monaten wurde uns in unserem alten Krankenhaus die gleiche Frage gestellt. Damals schon entschieden wir uns dagegen. Uns war der Ernst dieser Entscheidung sehr klar, trotzdem dachten wir nicht wirklich daran, dass es so weit kommen könnte. Vor allem – nicht so schnell.

Erneut sprach ich mich gegen die lebensrettenden Maßnahmen aus. In meinen Augen war es die reinste Qual, all das, was Phillip durchmachen musste. Kein Arzt der Welt hätte mich jemals davon überzeugen können, dass es diesem kleinen Wesen nichts ausmachte. Mein Kind sollte kein Leid ertragen müssen. Wenn sich sein Zustand nicht bessern sollte, dann ...

Als ich nach Hause kam, schickte ich meine Mutter packen. Sie sollte sich voraussichtlich drei Tage Auszeit gönnen, sich von dem Schock erholen. Ich brauchte auch eine Distanz zu ihr.

Als sie sich entschied, Phillip zu betreuen, sprachen wir darüber, was auf sie zukommen könnte. Trotzdem fühlte ich mich schuldig, ihr dies alles zugemutet zu haben. Jetzt machte ich mir auch um ihre Gesundheit Sorgen. Nicht nur um die körperliche, auch um die seelische. Gerade dies musste ich nun mit meinem Gewissen klären.

Sie sollte Gelegenheit zum Nachdenken bekommen, ob sie sich weiterhin dieser Herausforderung stellen wollte. Erst jetzt rief ich meinen Mann an, um ihm von allem zu berichten. Er meinte nur, er hat schon an so etwas gedacht, weil er in der Mittagspause merkte, dass der Wagen nicht mehr vor der Firma stand. Ich bat ihn, öffentlich nach Hause zu kommen. Während der letzten Stunden hatte ich das Erlebte samt allen Eindrücken von mir weggedrückt und jetzt war alles mit voller Wucht zurückgeprallt.

Meine Hände zitterten. Nur, weil ich meiner Mutter Kraft spenden wollte, gelang es mir, die Tränen zu unterdrücken. Mich an diesem Tag nochmals ins Auto setzen und meinen Mann von der Arbeit abholen – dazu war ich nicht mehr fähig. Zudem musste ich für Freitag den Transport beim Roten Kreuz und die Stunde bei dem Physiotherapeuten absagen. Und die Pakete mit der Spezialnahrung an einem kühlen Ort verstauen.

Es schien, als sollten wir sie nicht so bald brauchen.

Das Krankenhaus bot uns an, uns telefonisch nach Phillip zu erkundigen. Also rief ich jeden Tag nach der Morgenvisite an und war überrascht. Meine Ansprüche an dieses Krankenhaus waren nach all den Erfahrungen sehr hoch. Jeder einzelne davon wurde erfüllt. Ich konnte nicht glauben, dass es innerhalb einer Stadt solch gravierende Unterschiede in Patienten- und Angehörigenbetreuung gab.

Bei jedem meiner Anrufe gelang es mir, einen Arzt ans Telefon zu bekommen. Ausführlich bekam ich berichtet, was alles zwischen unseren Besuchen geschehen war. Jeder Sauerstoffsättigungsabfall wurde erwähnt. Auch wenn er keine Atemunterstützung mehr nötig hatte. Nie bekam ich das Gefühl, dass meine Telefonate lästig oder unerwünscht gewesen wären. Anfangs besuchten wir Phillip nicht täglich. Das Krankenhaus war öffentlich schlecht erreichbar. Bis wir es nach einem Arbeitstag erreichten, waren die Besuchszeiten beinahe vorbei. Es gab ja auch noch zig Behördengänge und sonstige Aufgaben, die erledigt werden mussten, damit ich mich nach Phillips Heimkehr nur auf ihn konzentrieren konnte.

Und dann begegnete ich bei einem unserer Besuche der Kinderschwester Inge ... "Wollen Sie doch nicht jeden Tag nach ihm gucken, wie es ihm geht?", stellte sie uns eine scheinbar harmlose Frage und holte mir damit eine Erinnerung aus der Schulzeit wieder ins Bewusstsein.

In meiner früheren Jugend kam ich gelegentlich mit einem unguten Gefühl in die Schule. Die Klassenkameraden fragten mich jedes Mal, was los sei. Etwas in mir drinnen prophezeite eine unangemeldete Schularbeit. Nachdem ich öfters richtig lag, schimpften sie mich – Hexe. Als Kind fand ich es sogar lustig und schenkte diesem merkwürdigen Bauchgefühl keine besondere Beachtung. Aber nach all den Erfahrungen während meiner Schwangerschaft konnte ich den indirekten Aufruf in Inges Frage nicht überhören: "Nutzt jeden Tag, der euch noch bleibt!"

Ich besuchte nochmals die Dame in der Sozialabteilung der Bezirkshauptmannschaft. Öfters telefonierte ich mit der Gruppe Gesundheit und Soziales der Landesregierung. Wieder mal war ich auf der Zweigstelle der Krankenkasse, um uns nachträglich die Physiotherapie bewilligen zu lassen. Dennoch erschien mir das alles als Ausrede, nur um nicht täglich ins Krankenhaus zu fahren. Ja, es war nicht gerade hoffnungsschöpfend, unseren Sohn inmitten all der Schläuche und Kanülen zu sehen. Aber es tat unendlich gut, ihn aus dem Bett nehmen zu dürfen. Ihn an mich drücken zu können. Seine Wärme zu spüren und sein Lächeln zu sehen. Es war genau dieses Lächeln und seine freundliche Art, mit denen er jeden für sich begeistern konnte. Uns machte sie es allerdings nur schwerer, das alles zu ertragen.

Wir folgten Inges Rat. Trotzdem rief ich täglich in der Früh an und erkundigte mich nach Phillip. Der diensthabende Arzt berichtete mir, wie auch viele Male zuvor bereitwillig und ausführlich über alles. Ob er wieder Sauerstoff brauchte, oder problemlos genügend Luft bekam. Ebenso teilte man mir umgehend mit, dass man für seine Ernährung ein Dosiergerät eingesetzt hatte, weil Phillips Verdauung nicht mehr richtig funktionierte und er eine ganze Mahlzeit am Stück nicht mehr vertrug. Auch bei jedem unserer Besuche kam der diensthabende Arzt zu uns, um uns persönlich am Laufenden zu halten.

Ich fragte mich, ob der Verlauf dieser Krankheit ein anderer wäre, wenn wir von Anfang an in diesem Haus Hilfe gesucht hätten. Zugleich vertrieb ich diese Frage aus meinem Kopf, um mir nicht noch mehr Vorwürfe machen zu müssen.

Am Anfang wusste ich es eben nicht besser ...

Es war zum Haareraufen. Immer, wenn es Phillip besser ging und wir schon Hoffnung schöpften, ihn nach Hause nehmen zu können, folgte der nächste Sauerstoffsättigungsabfall. Oder ein anderes Problem, das seinen Allgemeinzustand verschlechterte. Und genau so, wie es mit seiner Gesundheit rauf und runter ging, spielten auch meine Gefühle verrückt.

Ich freute mich sehr, ihn sehen zu dürfen. In die Arme nehmen zu können. Mit ihm Zeit zu verbringen. In vollen

Zügen genoss ich die kurze Zeit, die wir bei ihm waren. Jetzt fiel es mir leichter, weil ich mich sonst um nichts Wichtiges kümmern musste. Er war in guten Händen. Die Ärzte waren mit dieser Krankheit vertraut und waren auf alle eventuellen Vorfälle gut vorbereitet. Mir war, als hätte ich mit meinem Kind auch den Großteil der Last im Krankenhaus gelassen.

Langsam machte sich Erleichterung bei mir breit. Auf der Intensivstation.

Hinter der Tür sah alles schon wieder ganz anders aus. Wie, das wurde mir bewusst, als wir eines Tages im Warteraum von einem kleinen Mädchen angesprochen wurden.

An den Seitenwänden entlang waren kleine Garderobenschränke aufgebaut. Für jeden Platz auf den Stationen dieses Stockwerks war ein Kästchen vorgesehen. An Phillips Tür war ein kleiner Vogel aufgemalt. Ich wunderte mich über den Zufall und dachte dabei an die Tätowierung an meiner Wade.

An jenem Abend war ein kleines Mädchen ganz alleine in diesem Warteraum. Ihre Familie besuchte ihr Geschwisterchen auf der anderen Station und sie vertrieb sich hier die Zeit. Als die Tür der Intensivstation hinter uns zufiel und ich den Schlüssel für den Schrank aus der Hosentasche holte, lief sie uns entgegen, lächelte uns an und fragte nach: "Darf ich den Schrank aufsperren?" Mir war, als hätte man einem Stier ein rotes Tuch vor die Nase gehalten. Ich fühlte mich schrecklich belästigt und beinahe hätte ich das Kind angeschrien, damit es uns in Ruhe ließ. Nur im letzten Augenblick konnte ich mich gerade so zurückhalten.

Ich wollte nicht angesprochen werden, schon gar nicht in der Nähe dieses Kindes sein. Es war gesund und mein Phillip nicht. Ich hasste es dafür, obwohl es nichts dafür konnte. Mit einem Mal wurde mir klar, dass ich seit Monaten den Blick von anderen Kindern abwendete.

Kindergeschrei bereitete mir regelrecht Schmerzen. Und ich ging schwangeren Frauen bewusst aus dem Weg, auch wenn ich dabei die Straßenseite wechseln musste. Wieder war die Frage der Schuld sehr präsent. Und das Warum. Das Grübeln über den Sinn des Lebens fing von vorne an, das Philosophieren über die Gerechtigkeit nahm seine Fortsetzung. Wer entschied, dass dieses Mädchen ein gesundes Leben genießen durfte und mein Kind nicht?

Ich konnte es nicht ertragen ...

Nachts weinte ich mich in den Schlaf und hätte erneut dem Teufel die Seele geschenkt, hätte er mir ein gutes Angebot gemacht.

Es sollte endlich ein Ende nehmen. Egal welches. Jetzt, wo ich mein Kind gut aufgehoben wusste, musste ich nicht mehr hundertprozentig funktionieren. Als diese dauerhafte Anspannung nachließ, brach ich wie ein misslungenes Soufflee in mich zusammen. Und das nur, um mich im nächsten Augenblick von Vorwürfen zerfressen zu lassen, ich wäre eine schlechte Mutter. Egoistisch, nur auf mein Wohl fixiert. Schließlich hatte ich meinen Sohn nicht danach gefragt, ob er auf die Welt kommen wollte. Ich entschied für mich, ihn zur Welt zu bringen, und schenkte ihm auch noch ein kaputtes Leben. Unfähig, damit klarzukommen und damit fertigzuwerden, habe ich ihn jetzt noch auch ins Krankenhaus gebracht, richtig abgeschoben. Ich war diejenige, die es gar nicht verdient hatte, zu leben ...

Selbstmord war schon öfters in meinem Leben zum Thema geworden. Nach der Meinung meines Vaters hässlich, dass mich keiner haben wollen würde und zu dumm, zu nichts nutze – mit welchen Aussichten sollte ich mit achtzehn Jahren in die Zukunft blicken? Vom ersten Ehemann geschlagen und beim Erwähnen der Scheidung bedroht, schenkte ich jedem Baum am Fahrbahnrand mehr Aufmerksamkeit als dem Straßenverkehr.

Als das erste Mal von einem Arzt das Wort behindert im Zusammenhang mit meinem Kind ausgesprochen wurde, suchte ich bereits nach einem passenden Ast, um den ich den Strick hätte wickeln können und der mein Gewicht auch ausgehalten hätte. Zu den Bahngleisen hatte ich es auch nicht weit, aber ... ich konnte nicht. Der ganze Weg stand noch vor uns. Hätte ich mich so feige aus dem Staub gemacht, wer hätte meinen Sohn auf seiner Reise begleitet?

Jetzt, wo ich Phillip in guten Händen wusste, saß ich verlassen in meiner tiefen Grube, in dem Schlamm aus Selbstmitleid und Schuldgefühlen und bereitete mich darauf vor, darin zu ertrinken, um endlich das Licht am Ende des endlosen Tunnels zu finden.

Es fehlte mir an Kraft und vor allem Willen, um alleine aus diesem Loch wieder raus zu klettern.

*

Schon als Kind bevorzugte ich die blaue Farbe. Mit blauen Klamotten und mit meiner Kurzhaarfrisur wurde ich oft für einen Jungen gehalten. Rückblickend waren auch alle Autos, die ich je besessen hatte, blau. Mein halber Kleiderschrank war blau und auch die meisten Einrichtungsgegenstände in unserem Haus. Aber als ich an jenem Tag Phillips Zimmer betrat, schlug mir der Anblick fast die Augen aus. In dem tristen Krankenhausweiß waren seine blaue Bettwäsche und auch der Strampler wie von einer anderen Welt. In seinem Raum war Platz für vier Kinder. Ich musste mich umsehen und dachte sogar daran, mich zu kneifen, so unwirklich sah seine Ecke in dem Raum aus.

Auf dem Nachtkästchen stand ein CD-Player. Die Musik spielte leise. Zuhause ließ ich öfters den ganzen

Tag ähnliche Musik laufen. Und Phillip strahlte an diesem Tag ganz besonders, er fühlte sich sichtlich wohl. Ich fragte Inge, wie es dazu kam. Die Stationsschwester erzählte uns von einer ihrer Kolleginnen. Von ihrer außergewöhnlichen Gabe, die ich in dem Moment mit meinem vernebelten Verstand nicht begriffen hatte. Immer noch glaubte ich nicht an Gott und während dieser Zeit nicht mal an die Gerechtigkeit. Dafür war ich schon immer offen für Alternativen wie Astrologie, Numerologie und war auch davon überzeugt, dass es tatsächlich Menschen gab, die Fähigkeiten hatten, die man mit einfachen Worten nicht erklären konnte. Einige meiner eigenen Träume waren tatsächlich in Erfüllung gegangen. Leider waren es nicht immer nur schöne Dinge. Schon alleine deshalb glaubte ich an diese Phänomene. Zwar mit einer ordentlichen Portion Skepsis, die erstmals überwunden werden musste. Aber im Gegenteil zu meinem Vater, der alles für Okkultismus und Scharlatanerie hielt und nach wie vor hält, brachte ich eine gewisse Offenheit für Neues und nicht Nachvollziehbares mit. Zum Schluss war es auch Neugier, warum ich mich mit Schwester Inge auf dieses Gespräch überhaupt eingelassen hatte.

Während Phillips Aufenthalt auf der Intensivstation waren mein Mann und ich Schwester Sylvia nie begegnet. Die meiste Zeit trafen wir auf Schwester Inge und die jammerte ich meist an, anstatt ihr viel über Phillips Besonderheiten oder Vorlieben zu erzählen. Das war auch besser so, denn sonst hätte ich zugeben müssen, dass ich über meinen eigenen Sohn nicht besonders viel wusste. Er war noch keine sechs Monate alt. Ich zog ihn blau an, weil er ein Junge war. Er mochte getragen werden. Er genoss es, wenn sein Kopf auf meiner Schulter lag. Am liebsten den ganzen Tag. Und er liebte klassische Musik und Vangelis. Und Autofahrten, weil es dabei so kräftig ruckelte. Das war's aber auch.

Schwester Sylvia war eine Reiki-Meisterin und -Lehrerin. Sie sollte zudem mit Kleinkindern kommunizieren können. Ein Blick auf meinen zufriedenen Sohn reichte, um daran zu glauben. Es gab die unglaublichsten Zufälle im Leben. Aber dies war, als hätte man gleich bei erstem Griff in den Heuhaufen die Nadel erwischt.

Reiki wird aus dem Japanischen meist als "universelle Lebensenergie" übersetzt. Für die Reiki-Praktizierenden bedeutet es: Liebe in ihrer reinsten Form, als Energie, als pure Intelligenz und Kreativität, jenseits von Polarität.

Rei – der göttliche Funke, die göttliche Idee befindet sich in jedem Lebewesen, ebenso wie in der Materie, die nach neueren physikalisch-wissenschaftlichen Vorstellungen langsam schwingende Energie ist.

Ki (Chi – in China) bedeutet Lebensenergie, die Lebenskraft, die in allem fließt, auch Natur, Talent und Gefühl.

Viele der alten Kulturen haben ihre Tradition der Heilung mit dem Ki-Fluss verknüpft. Anders als bei Reiki kommt bei den meisten Energie-Heilweisen das persönliche Ki des Heilers zum Einsatz. Viele der auf diese Weise arbeitenden Menschen verlieren ihre Kraft durch ihre Heilungen, oder nehmen die Krankheit des Behandelten in sich auf. Reiki-Heilarbeit bedeutet, nicht das körpereigene Ki zu benutzen, sondern als Kanal zu wirken für die universelle Lebensenergie. Nicht ich heile, sondern die universelle Energie, die in unendlicher Menge verfügbar ist.

Es war echt an der Zeit, mich endlich über dieses Reiki ausführlicher zu informieren.

Einen Selbstversuch hatte ich bereits gewagt. Ich hatte gehofft und war gewillt zu glauben, aber das Wunder war nicht passiert. Also wusste ich, dass Schwester Sylvia Phillip nicht heilen konnte. Es war nicht zu übersehen, dass diese Frau ihm guttat. Das war wichtig. Und für mich bedeutete es, dass ich mich nach Alternativen umsehen sollte. Mit Schulmedizin hatte ich bislang ausreichend zu tun gehabt.

Von unserer Nachbarin, der NMS-Lehrerin, erfuhr ich Näheres über die sogenannten Reiki-Ketten. Da trafen sich Reiki-Ausübende zu einem bestimmten Zeitpunkt, um dem Hilfesuchenden Fern-Reiki zu schicken. Zum Beispiel in schweren Lebenskrisen, oder vor komplizierten Operationen. Manchmal sogar beim Sterbeprozess.

Ich wusste nicht genau, was ich wollte. Nur dieses ständige Auf und Ab in Phillips Zustand sollte endlich aufhören. Ich stellte es mir schrecklich vor, immer wieder halb ohnmächtig zu werden, nur weil ich zu wenig Luft bekäme.

Unser Sohn hatte die Viruserkrankung überstanden. Die Ärzte wollten ihn nach Hause entlassen. Ich bat darum, dass sie ihn noch länger zur Beobachtung behielten.

Früher konnte ich es kaum erwarten, mit ihm gemeinsam das Krankenhaus zu verlassen. Sein blauer Strampler, die hellblaue Bettwäsche, das viele Spielzeug, die Musik und vor allem sein zufriedenes Lächeln. Dieses Lächeln sollte er behalten und es nicht durch meine Unfähigkeit oder Zweifel gleich wieder verlieren. Er sollte noch eine Zeit bleiben dürfen. Nur so lange, bis die Sauerstoffsättigungsabfälle aufhörten, oder wenigstens seltener vorkämen.

Das Streben nach einem Wunder hatte ich aufgegeben. Die Hoffnung auf Besserung nicht.

Die benachbarte Lehrerin verwies mich an eine Frau Gerda. Sie organisierte diese Reiki-Ketten und sollte angeblich schon etlichen hoffnungslosen Fällen die ersehnte Lösung gebracht haben.

Das Telefonat mit dieser Dame war für mich sehr ernüchternd. Ich wurde mit meinem momentanen Leben nicht fertig und sollte mich urplötzlich auch noch mit meinem früheren Leben auseinandersetzen. Wenn man der Reinkarnation den Glauben schenken sollte, dann war ich in einem meiner früheren Leben ein Mann. Phillip war in dieser Zeit meine Lebenspartnerin. Nicht nur das. Er – beziehungsweise sie – soll mich damals umgebracht haben.

Was sollte ich davon halten und vor allem, wie sollte mir diese Information oder eher Offenbarung in meiner momentanen Lage behilflich sein? Ich grübelte nicht darüber nach, ob es ein früheres Leben tatsächlich gab. Auch nicht darüber, ob das jemand rausfinden konnte, nur weil ich das Telefon in der linken Hand (die Verbindung zum Herzen) hielt. Es spielte auch keine Rolle, ob es sich in der Vergangenheit wirklich so abgespielt hatte.

Mein einziger Gedanke war: "Phillip hatte damals bestimmt einen Grund für diese Tat gehabt."

War diese Krankheit eine Strafe für sein früheres Verbrechen? Sollte ich ihm etwa verzeihen, damit er endlich seine Ruhe fand?

*

Die erwartete Antwort von der Landesregierung war gekommen. Unser Wunsch blieb unerfüllt. Es würde keine Hausbesuche von Physiotherapeuten geben. Die Kostenübernahme der Krankentransporte stand auch nicht zur Diskussion, da unser gemeinsamer Nettoverdienst laut Ansicht des Amtes mehr als ausreichend war. Unsere Fixkostenaufstellung spielte für die entscheidende Stelle keine Rolle. Unsere Verpflichtungen der Bank gegenüber und die Unterhaltspflicht meines Mannes für seinen unehelichen Sohn waren für die Zuständigen nicht von Bedeutung. Die notwendige Tagesbetreuung wurde im Schreiben mit keinem Wort erwähnt. Dafür bot man uns pädagogische Frühförderung durch einen Frühförderer der Lebenshilfe Niederösterreichs an. Für ein Jahr. Maximal vierzig Einheiten zu neunzig Minuten. Ich wusste gar nicht, was das bedeutete. Also erkundigte ich mich. In unserem Fall sollte es sich um eine Sprachförderung handeln. Mir war nach Lachen und Weinen zugleich. Und das über mich selbst. Wie konnte ich nur denken, hier würde man anders vorgehen als bei der Krankenversicherung? Phillip war noch keine sechs Monate alt. Welche Sprachfähigkeit wollte man in diesem Alter fördern? Und vor allem – bei einer Krankheit, bei der sich anhand der allgemeinen Muskelschwäche kaum eine Sprachfähigkeit entwickeln konnte?

Wieso stopfte man uns in eine vorgegebene Richtlinie, ohne sich nach der Besonderheit unseres Falles zu erkundigen?

Ich wäre gar nicht so enttäuscht gewesen, hätten wir ein klares Nein bekommen. Auf die Zukunft ohne Haus, dafür mit wesentlich weniger Schulden, hatte ich mich schon eingestellt. Aber dieses Unwissen und die allgemein vorherrschende Abneigung sich zu informieren, kränkte mich sehr. Ich fühlte mich auf eine gezogene Nummer im Warteraum reduziert und dieses allgemeine Desinteresse, hinter dieser Nummer ein Individuum mit besonderen Bedürfnissen zu sehen, fühlte sich sehr erniedrigend an.

Ich musste an die Kinderschwester des Hilfswerks denken. Unser altes Krankenhaus ließ sie zwei Mal pro Woche kommen. Geschafft hat sie es in all den Monaten genau zwei Mal, weil Phillips schlechter Gesundheitszustand immer wieder die Termine über den Haufen geworfen hatte. Aber schon bei ihrem ersten Besuch hatte

sie sich bei mir erkundigt: „Was soll ich hier eigentlich?"
Sie war keine Physiotherapeutin, um mit unserem
Sohn zu üben. Auch keine Ärztin, um nach Phillips
Gesundheit zu schauen. Die Termine außer Haus blieben
uns durch ihre Besuche also nicht erspart. Sie konnte mir
nicht mehr beibringen, als das, was ich bereits wusste und
konnte. Trotz ihrer Bemühungen und guter Absichten, es
ergab sich nichts, wobei sie mich hätte unterstützen
können. Und das bezahlte das Land, ohne es zu hinter-
fragen.

*

Mit Phillip in den Armen beichtete ich Schwester Inge
meine plötzliche Erkenntnis über mein Vorleben.
Zu meinem Erstaunen reagierte sie ganz entspannt.
"Wissen Sie, wie oft ich und mein Mann uns gegenseitig
in der Vergangenheit um die Ecke brachten?"
Ich musste schmunzeln.
Unser Gespräch dauerte dieses Mal sehr lange. Phillip
war auf meiner Schulter eingeschlafen und zum ersten
Mal seit langer Zeit machten die drei riesigen SMA Buch-
staben in meinem Kopf Platz für anderes. Ich kam mir vor
wie eine ganz gewöhnliche Mutter mit einem Kind, wie
jedes andere.
An diesem Tag verließ ich das Krankenhaus munter
und nicht so niedergeschlagen, wie sonst. Nein, ich ertrug
nach wie vor kein Kleinkind in meiner Nähe. Und sah ich
jemanden neben einem Kinderwagen rauchen, hätte ich
ihm am liebsten die Zigarette direkt aus dem Mund
gerissen. So leichtsinnig gingen manche Leute mit der
Gesundheit ihrer Kinder um ...
Die Offenheit und die Ansichten dieser diplomierten
Kinderkrankenschwester machten mich nachdenklich.

Man muss nicht religiös erzogen worden sein, um gewisse Dinge zu glauben. Manches Unerklärliche verlangt wiederum nicht unbedingt nach Fanatismus oder Leichtgläubigkeit. Frau Gerda legte mir nahe, nach unserem Telefonat Phillip besser zu beobachten. Unsere ans Licht gebrachte gemeinsame Vergangenheit sollte sich in der Veränderung seines Zustandes widerspiegeln.

Weitere Sättigungsabfälle folgten. Manche waren so stark, dass die Ärzte mit dem Schlimmsten rechneten. Danach stabilisierte sich Phillip wieder und es ging ihm sogar besser als zuvor.

Ich merkte nichts Besonderes. Nur einen kräftigen Krankheitsschub.

März 2005

Anfang März machte ich den nächsten Schritt und wies die Ärzte an, die Therapie mit der Valproinsäure zu beenden. Die Behandlung brachte nicht annähernd den erhofften Effekt. Der kleine Körper sollte nicht noch zusätzlich belastet werden.

Der verlängerte Krankenhausaufenthalt war keine Dauerlösung. Das wusste ich. Für Phillip war es die perfekte Betreuung. Ruhig schlafen konnte ich dennoch nicht. Immer wieder suchte ich ohne Kontaktlinsen in dem dunklen Schlafzimmer nach dem Handydisplay. Die Panik, ich könnte einen wichtigen Anruf verpasst haben, ließ mich nicht entspannen. Meine Arbeitstage verliefen dafür stressfreier. Es standen keine offenen Gespräche mit der Krankenversicherung an. Die Aussichten auf Unterstützung vom Amt hatte ich längst abgehackt. Ich wollte nichts mehr planen und vorbereiten. In der Praxis hatte ich gelernt, dass eh alles anders laufen würde, als ich es sorgfältig geplant hatte.

Phillip war nach einer Woche infektfrei. Abgesehen von den zwei bis drei Sauerstoffsättigungsabfällen am Tag ging es ihm gut. Sollte es weiterhin so bleiben, wollten wir ihn demnächst mit nach Hause nehmen.

Es musste so kommen. Kaum stand unsere Entscheidung fest, verschlechterte sich sein Zustand. Die Sättigungsabfälle häuften sich wieder und dazu gesellte sich immer häufiger eine Bradykardie (verlangsamter Herzschlag).

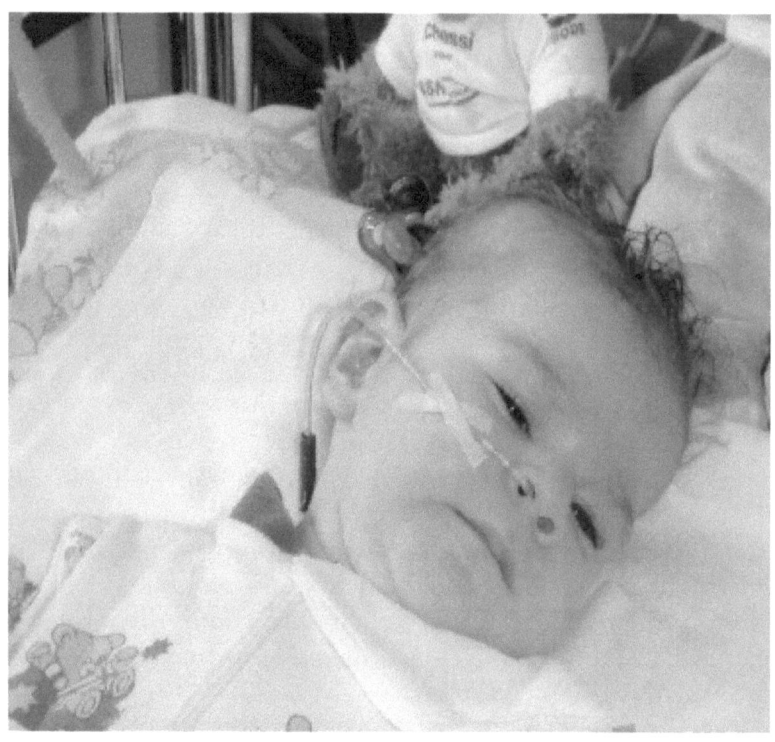

Am 6. März begannen die Ärzte mit einer peroralen Morphintherapie, unter der unser Sohn deutlich ruhiger wurde.

Wir fuhren weiterhin jeden Tag nach der Arbeit für ein, zwei Stunden ins Krankenhaus. Am Wochenende blieben wir länger. Die Zeit mit Phillip gehörte zum festen Tagesablauf. Es war unsere Zeit mit unserem Sohn. Eigentlich war es meine Zeit mit ihm und die war ich nicht mehr bereit zu teilen. Das wurde mir spätestens dann klar, als sich fast nach einem Monat die Schwiegermutter erinnerte, dass sie ihren Enkel schon lange nicht mehr gesehen hatte.

Ich konnte nicht verstehen, warum mein Mann sie nicht aufgefordert hatte, Phillip einen Besuch in der Zeit abzustatten, in der wir beide arbeiten mussten. Auf der Intensivstation waren Besuche nur für zwei Personen gleichzeitig erlaubt. Ich wollte nicht einen Teil der so schon viel zu kurzen Besuchszeit im Warteraum verbringen.

Nach all der Zeit, in der ich mir wünschte, sie hätte sich gekümmert, oder wäre einfach nur da gewesen, konnte ich alleine die Vorstellung kaum ertragen, mein Kind in ihren Armen zu sehen. Ebenso wenig wollte ich sie an den Gesprächen mit Schwester Inge teilhaben lassen.

Anstatt das Beste daraus zu machen, ließ ich mich von Eifersucht und Hass leiten. Und Ärger darüber, weil die Schwiegermutter keine Ansprüche auf die harte Arbeit der letzten sechs Monate erhoben hatte, aber auf diese so kostbaren Momente schon.

Drehte ich inzwischen völlig durch, oder hielten nur meine Nerven der Dauerbelastung nicht mehr stand? Leider sah nur ich es so. Noch wütender als dies machte mich nur noch, weil ich kein lautes „Nein! Bleib, wo du das letzte halbe Jahr warst!" über meine Lippen brachte.

Mein Mann verlangte von mir Verständnis, dabei wollte sie selbst nicht verstehen, warum ich damals, mit einem erst eine Woche alten Säugling im Raucherabteil eines Heurigen nicht den Geburtstag ihrer Schwester und Schwägerin feiern wollte. Von all den Kleinstaufträgen für meinen Mann, die genauso gut seine Brüder hätten erledigen können, anstelle ihn von Zuhause wegzulocken, in der Zeit, in der ich ihn so dringend gebraucht hatte, wollte ich gar nicht erst anfangen zu reden.

Ich hätte mir gewünscht, dass sie sich dann um Phillip hätte kümmern wollen, wenn ich irgendwelchen Behördengängen hinterherhetzen musste. Und genau dann hätte ich sie gerne mit Phillip zum Beispiel bei einem Spaziergang gesehen, wenn der Haushalt Aufmerksamkeit bitter nötig hatte, damit ich ihm diese auch widmen hätte können.

Wahrscheinlich sah ich nur alles viel zu eng und übertrieb maßlos. Sie wollte ja schließlich helfen ... Ich konnte nur nicht erkennen, wann diese Hilfe stattfinden und wie sie aussehen sollte.

Sarkasmus beiseite – jede andere Mutter wäre womöglich mit allen Aufgaben in der halben Zeit fertig gewesen und hätte sich nur halb so leidend dargestellt wie ich. Dennoch schämte ich mich für mein Verhalten und meine Vorgehensweise nicht. Ebenso wenig kam ich mir egoistisch und missgönnend vor, wie ich von meiner Schwiegermutter hingestellt wurde. Da ich bislang kaum Anteilnahme erfahren hatte, war ich eben auch nicht bereit – zu teilen.

An diesem Abend blieb ich zuhause, alleine und vor allem einsam schmollte ich vor mich hin.

Man verlangte von mir, mich auf die Familie zu besinnen. Nach all den Erlebnissen und Erfahrungen der letzten sechs Monate war es mir unmöglich. Das Wort Familie aus dem Mund meiner Verwandtschaft zu hören, erfüllte mich dermaßen mit Hass, dass ich hätte platzen können.

Ich war die ganze Zeit zu leise gewesen. Nie habe ich mich gehen lassen, habe niemanden beschimpft, bin nie zusammengebrochen und habe mich auch nie hängen lassen.

Niemand sah das Durcheinander in mir.

Statt auf mich in meiner Ausnahmesituation Rücksicht zu nehmen, sollte ich – wie man es von mir gewohnt war – weiterhin Rücksicht auf andere nehmen und weil ich ja bislang immer so hilfsbereit und zuvorkommend war, auch jetzt das Letzte, was mir noch geblieben war, teilen und verschenken.

Diese eine Nacht war die schlimmste seit Phillips Geburt. Auf der von Tränen durchtränkten Matratze konnte ich nicht schlafen. Ich geriet in Panik, Phillip könnte jetzt sterben und ich hätte mich nicht einmal von ihm verabschiedet. Das würde ich mir mein Leben lang vorwerfen.

Meine Gedanken kreisten um mein angebliches früheres Leben. Jetzt wollte ich plötzlich wissen, womit ich Phillip damals zum Mord bewegte. In dieser Nacht kam alles in mir hoch. Es war kein Weinen mehr, sondern regelrechte Krampfanfälle. Wieder mal verspürte ich den Drang, alles hinter mir zu lassen und auf alles zu verzichten. Auf das Haus, meinen Job, sogar meine Zukunft. Und vor allem – auf diese sogenannte Familie.

Immer wieder wünschte ich mir in genau solchen Momenten, jemanden an der Seite zu haben, der mich in die Arme genommen hätte, oder mich wenigstens wachrütteln würde und ja, mir in den Allerwertesten trat.

In dieser einen Nacht war ich zum ersten Mal froh, alleine zu sein.

Nach dieser durchwachten Nacht war ich erholter als sonst. Scheinbar habe ich diese angesammelten, unterdrückten Gefühle wie Gift mit den vergossenen Tränen aus mir gespült. Zur gewohnten Zeit rief ich aus dem Büro im Krankenhaus an und erkundigte mich nach Phillips Befinden.

Nichts hatte sich verändert. Noch gestern hielt ich dies für eine unerfreuliche Nachricht. Heute nicht mehr. Mit jeder Stunde, mit der sich mein Arbeitsende näherte, fühlte ich mich sicherer. Die Tatsache, dass sich heute unerwartet Phillips Onkel zu Besuch ankündigte, blendete ich einfach aus.

Heute würde mich niemand mehr von meinem Sohn fernhalten können.

Mein ganzes Leben sprachen mich Menschen auf meinen mürrischen Gesichtsausdruck an. Ich bewunderte meinen Sohn dafür, weil er den Großteil seines kurzen Lebens mit einem Lächeln auf den Lippen verbrachte. So auch an diesem Abend. Und ich konnte nicht fassen, dass mir nach der gestrigen Nacht immer noch genügend Tränen übrig geblieben waren.

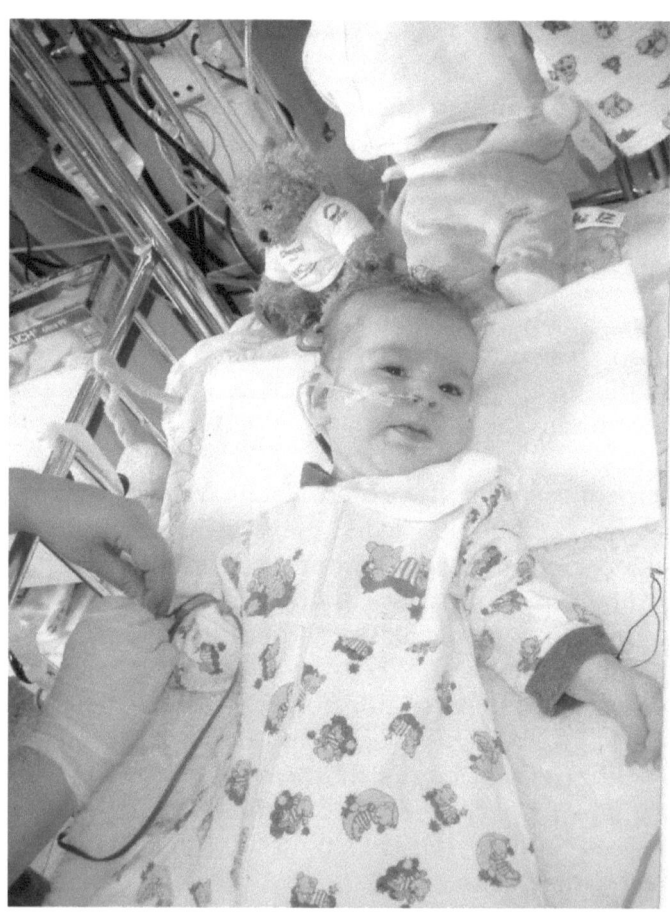

Es waren nur Minuten, die ich ganz alleine mit Phillip im Zimmer sein konnte. Aber die reichten aus, denn am Vortag hatte ich genügend Zeit, mich vorzubereiten. Vieles war mir durch den Kopf gegangen. Einiges davon wollte ich jetzt meinem Sohn erzählen. Noch nie habe ich mit jemandem so gesprochen, wie an diesem Abend mit meinem Kind. Als Erstes habe ich mich entschuldigt. Für mein Fernbleiben am Vortag. Für die Ungeduld während der Anfangszeit. Dafür, dass er eine bessere Betreuung verdient hatte, als ich sie ihm geboten hatte. Ich entschuldigte mich dafür, dass ich ein Ende seines Leidens herbeirief. Dass ich seine Krankheit nicht ertragen konnte. Für meine Unwissenheit und auch Dummheit. Weil so ein perfektes Wesen wie er auch eine perfekte Mama verdient hatte. Und davon fühlte ich Welten entfernt.

Ich entschuldigte mich sogar für das vergangene Leben, weil ich ihn zu dem Mord bewegt hatte. Und sollte er sich tatsächlich jemals etwas zu Schulden kommen lassen, habe ich ihm auch das verziehen.

"Du bist mein Kind und ich liebe dich über alles. Du weißt, ich würde mein Leben dafür geben, damit du gesund wirst. Aber wenn du gehen möchtest, dann gebe ich dich frei. Eines sollst du nie vergessen. Ich werde dich sehr vermissen ..."

9. März 2005

Bevor ich, wie gewohnt, im Krankenhaus anrufen konnte, läutete mein Handy.

Phillip war nach dem Frühstück eingeschlafen. Es kam zu einem Atemstillstand mit konsekutivem Kreislaufversagen.

Ich sagte nur: "Wir fahren gleich los."

In der Bürotür traf ich auf unseren Abteilungsleiter. Ich hatte die Jacke angezogen und hielt meine Tasche in der Hand. Er sah mich fragend an.

"Mein Sohn ist gestorben."

Er hielt mir die Tür auf und gab mir einen väterlichen Rat. "Setz dich ja nicht ans Steuer."

Ich holte meinen Mann aus der Werkstatt und keine fünf Minuten später saßen wir beide im Wagen. Wie ferngesteuert lenkte ich das Auto aus der Parklücke.

Jeder einzelne Tag hatte sich wie eine Ewigkeit angefühlt. Aber rückblickend waren die 193 Tage, die Phillips Leben gedauert hatte, wie im Flug vergangen.

Die Momente, die ich zum Begreifen brauchte, noch viel schneller. Jetzt plötzlich schien die Zeit stillzustehen. Jeden Tag der letzten Wochen rechnete ich mit diesem Anruf. Und nun, da es passiert war, zweifelte ich. War es real? Oder war das nur die Phantasie, die aus meinem Wunsch entstand, diesem Ausnahmezustand endlich ein Ende zu setzen?

Es war wahr. Und ich fand mich genau in der Situation wieder, die sich vor Monaten vor meinem geistigen Auge abgespielt hatte: Ich hielt mein Kind in den Armen, sein Kopf lag auf meiner Schulter und ich wusste, mein Sohn war tot.

Der Schmerz war unbeschreiblich.

Freunde, Bekannte, sogar der eigene Partner. Jeden konnte und kann es täglich treffen. Obwohl keiner von ihnen ersetzbar ist, können dennoch andere Menschen die zurückgelassene Lücke zumindest annähernd füllen. Nicht so, wenn es das eigene Kind betrifft. Phillip war ein Teil von mir. Mit ihm ist auch ein Teil von mir gegangen. Ich war froh, diese Krankheit losgeworden zu sein. Aber ich wollte meinen Sohn nicht loslassen. Die absurdesten Gedanken schwirrten in meinem Kopf. Ich wollte ihn behalten, für immer. So wunderschön, wie er stets war. Es blieben genug Fotos als Erinnerung. Sogar die Videoaufzeichnung von seiner Taufe. Bis heute schaffte ich es nicht, sie mir anzuschauen. Eine Locke hatte ich ihm abgeschnitten. Auch den Klipp und den Rest seiner Nabelschnur hob ich auf. Aber ich wollte ihn haben. Um ihn jederzeit in die Arme nehmen zu können. Ihn spüren können. Das wird nie wieder möglich sein.

Nun saß ich hier, in diesem Krankenhauszimmer der Intensivstation. Ich blickte in sein buntes Bett, voller Spielzeug. Der CD-Spieler stand immer noch auf dem Nachttisch. Ich hielt meinen Sohn in meinen Armen. Das erste Mal seit langem gab es keine störenden Schläuche. Sein Gesicht wurde nicht mehr von einer Sonde verunstaltet, dafür war sein Lächeln für alle Zeit verschwunden.

Die Geräte waren abgeschaltet, kein Zischen und kein Piepsen. Ich hielt ihn so lange fest, so lange seine Glieder noch geschmeidig waren. Bevor die Totenstarre eintrat, legten wir ihn zurück ins Bett, damit er so wunderschön blieb, wie er es immer gewesen war.

Niemand hetzte uns. Wir durften so lange bleiben, wie wir wollten. Egal wie viel Zeit verging, richtig verabschieden konnte ich mich nicht. Ich wusste über SMA

Bescheid, rechnete mit dem Schlimmsten und dachte, ich wäre darauf vorbereitet.

Das war ich nicht.

Heute weiß ich, dass man sich auf so etwas nicht vorbereiten kann.

Schweigend verließen wir zum letzten Mal das Krankenhaus. Wie zwei Fremde fuhren wir mit der U-Bahn bis zum abgestellten Wagen. Wieder setzte ich mich ans Steuer. Mein Mann verhielt sich wie sein eigener Schatten. Ihn so offensichtlich leiden zu sehen, gab mir zu denken. Würde dieser Verlust in meinem Herzen nicht so wehtun, könnte ich glatt denken, ich hätte meine Gefühle in den letzten sechs Monaten ausgeschaltet. Anders konnte ich mir aber nicht erklären, wie ich diese ganze Zeit, mit all den Tiefen und Fällen habe überstehen können.

Es war, als besäße ich zwei Persönlichkeiten. Eine, die wie ein Roboter funktionierte. Diese brachte uns nach dem Anruf ins Krankenhaus und danach wieder nach Hause. Die zweite stand jetzt unter der Dusche und kämpfte mit dem kalten Wasser gegen die Ohnmachtsanfälle und Übelkeit.

Dann läutete es unerwartet an der Tür.

Die Mitarbeiterin der Sozialabteilung der Bezirkshauptmannschaft stand unangemeldet vor mir. Sie war in der Gegend unterwegs, wollte nachfragen, wie es uns ging und vielleicht über weitere Vorschläge reden, wie man unsere Situation besser meistern könnte.

"Phillip ist heute gestorben." Widerstandslos ließ ich mich von ihr in die Arme schließen und hörte ihr zu, wie sie in meinen Bademantel seufzte.

Es war das letzte Mal, dass wir uns sahen.

18. März 2005

Phillips ältester Onkel sagte umgehend ab, ohne den Versuch zu wagen, den Arbeitgeber nach einem freien Tag für die Beerdigung seines Neffen zu fragen.

Der Großvater kam ebenfalls nicht.

Dennoch kamen mehr Menschen, um sich von unserem kleinen Schatz zu verabschieden, als ich mir je erwartet und erhofft hatte.

Neben meinen Eltern war auch meine Deutsch-Professorin aus der Slowakei angereist, mit der ich seit meinem Handelsakademie-Abschluss in Kontakt geblieben war.

Die Krankenschwestern von der Intensivstation des Preyer'sches Krankenhauses waren gekommen und brachten Spielsachen mit, die ihn bei seiner letzten Reise begleiten sollten.

Der Physiotherapeut, unser Kinderarzt, unser damaliger Geschäftsinhaber (gest. 2007) und die Kinderschwester des Hilfswerks, die das alte Krankenhaus bestellte, hatten ihr Beileid und Mitgefühl telefonisch oder schriftlich ausgedrückt.

Dann war es so weit. Dieser endgültige Abschied schmerzte mehr, als die fünfzehn Stunden Wehen samt Dammriss. Nachdem der kleine Sarg in dem tiefen Loch verschwunden war, redete ich mir ein, dass dort drin nur mehr eine leere Hülle lag und unser kleiner Engel bereits an einem viel besseren und schöneren Ort wäre.

Vor allem aber – es ginge ihm endlich gut.

Mir sollte es auch endlich besser gehen. Ich schwor mir, so etwas nie wieder durchmachen zu müssen.

In diesem Abschied sah ich das Ende und einen neuen Anfang zugleich ...

Juni 2005

Als wir unseren Phillip das letzte Mal in den Händen hielten, kam die Krankenhauspsychologin vorbei und bot uns ein Gespräch an.

Wir hatten nicht vor, unseren gerade verstorbenen Sohn aus unserem Leben zu streichen. Trotzdem wollten wir mit dem Abschied dieses Kapitel nicht nur abschließen, sondern es ad acta legen.

Zu viele Ärzte, Beamte und anders beteiligte Personen hatten in den letzten sechs Monaten freien Zugang zu unserer Privatsphäre.

Unsere Gefühle und Gedanken sollten nicht mehr für jedermann frei zugänglich sein.

Es war an der Zeit, neue Wege einzuschlagen.

Nach Phillips Tod verspürte ich eine gewisse Gleichgültigkeit dem Leben gegenüber.

Der vergangene Frust, Verzweiflung und Ärger kamen mir vor, als hätten sie eine Ewigkeit lang gedauert. In Wirklichkeit hatte Phillip länger in meinem Bauch verweilt, als er Luft geatmet hatte.

Ich fühlte mich bestohlen. Stimmt, jedermann stirbt irgendwann. Aber dies war kein Freund oder Bekannter, den man mit neuen Freundschaften und Bekanntschaften ersetzen konnte. Auch nicht ein Elternteil, von dem wir seit jeher wissen, dass er normalerweise vor uns gehen wird. Schon gar kein liebgewonnenes, folgsames und uns bedingungslos liebendes Haustier, von denen es in den Tierschutzhäusern Unmengen gibt.

Ich habe es mit den besten Absichten gezeugt, neun Monate ausgetragen und unter unglaublichen Schmerzen zur Welt gebracht. Ein Kind kann man nicht ersetzen. Der Tod hat mir etwas genommen, für das ich mein ganzes bisheriges Leben lang gespart und geschuftet hatte. Noch nicht mal mit der Mutterrolle vertraut gemacht, war mein Kind auch schon wieder unwiederbringlich weg. Niemand würde es mir wiederbringen können ... Obendrein – konnte ich mich überhaupt noch Mutter nennen?

Ich hatte allen Grund, den Blick nach vorne zu richten. Der Spießrutenlauf mit den Ämtern und der Versicherung fand schlagartig ein Ende. Wie auch die unnützen Ratschläge und Forderungen der Bekannten und der Verwandtschaft.

Neben meinem Sohn hatte ich allerdings auch das Vertrauen zu den Ärzten und dem Gesundheitssystem verloren. Und – ich musste für mich selbst die Begriffe Familie und Freunde neu definieren.

Die erhoffte Erleichterung blieb aus. Die Sorgen hatte ich wie Ballast über Bord geworfen, aber als hätte ich verlernt, die gewonnene Freiheit zu genießen. Meine innere Leere machte mir zu schaffen. Der Berufsstress konnte sich nicht annähernd mit meinem Mutteralltag messen. Die freie Zeit war für mich plötzlich schwerer zu ertragen als durchwachte Nächte und der mit Aufgaben vollgespickte Alltag mit einem schwerstbehinderten Kind.

Gerade in den Momenten absoluter Ruhe kamen mir die vergangenen Monate wie ein böser Traum vor. Nichts – außer der Bilder an den Wänden – erinnerte mehr an Phillip. Das Fotoalbum, den Mutter-Kind-Pass, seine Kleidung und Spielzeug – alles habe ich sorgfältig verpackt und weggeräumt. Das Absauggerät an die Firma Pulmomed zurückgeschickt, die Sauerstoffflasche und das mobile Beatmungsgerät ließ ich vom Unternehmen Linde abholen.

Dann stolperte ich über Phillips Spezialnahrung. Nur wenige Tage später stand ich erneut vor dem Tor des Kinderkrankenhauses mit einem vollbeladenen Kofferraum. Ich nutzte die Gelegenheit, um mich noch einmal zu bedanken. Nicht nur bei den Ärzten, auch und vor allem bei den Schwestern. Aus dem kurzen Besuch wurde eine Plauderstunde. Wie eine Gedenkfeier für Phillip.

Beim Verlassen des Krankenhauses wünschte ich mir, man würde eines Tages auch über mich so viel Schönes und Gutes zu sagen haben.

Obwohl ich an diesem Tag das allerletzte Mal durch die Tür dieses Krankenhauses gegangen war, pflege ich immer noch den Kontakt zu so mancher der Krankenschwestern. Mit Schwester Inge tauschte ich mich auch Jahre später noch per Email aus. Ihr vertraute ich auch meine Zweifel an, die meine Mutterrolle betrafen.

„Natürlich sind Sie eine Mutter. Eine verwaiste Mutter ...", klärte sie mich auf.

*

Viele unserer Bekannten und Kollegen waren interessiert, mehr über die Auswirkungen der SMA-Trägerschaft zu erfahren.

„Kann euch das beim nächsten Baby wieder passieren?"

„Wollt ihr dieses Risiko eingehen?"

„Was macht ihr, wenn es wieder geschieht?"

„Lasst es!"

„Tut euch das nicht an!"

„Auch ohne Kinder kann man ein erfülltes Leben führen ..."

Nicht alle versuchten uns unseren Kinderwunsch auszureden.

„Es gibt so viele Kinder in der Welt, die sich nach Liebe und Geborgenheit sehnen ...", schlug man uns eine Alternative vor. „Wie wäre es mit einem Baby aus Indien?" Schließlich gab es noch die Möglichkeit ein Kind in die Pflege aufzunehmen. Für eine Adoption in Österreich waren wir bereits zu alt.

Ratschläge sind auch Schläge – sagt der Volksmund. Diese Vor- und Ratschläge nervten nicht nur. Sie schmerzten tatsächlich, als hätte man mir eine Tracht Prügel verpasst. Ich wollte mir kein Kind ausborgen und es nach Guttünchen irgendwelcher Ämter oder gar der leiblichen Eltern wieder hergeben müssen. Es sollte unseren Namen tragen. Eine Adoption im Ausland kam für mich auch nicht in Frage. Mir selbst sieht man meine Herkunft nicht an. Die Erfahrung mit Ausländerfeindlichkeit machte ich dennoch zur Genüge.

Hatte mein Vater etwa recht? Was habe ich schon in diesem Leben erreicht? Das Haus war immer noch nicht fertig, unsere Schulden waren so hoch wie nie und wir waren erneut kinderlos. Gerade Ratschläge dieser Art kratzten enorm an meinem Selbstwertgefühl. Es machte den Anschein, als glaubte niemand daran, dass ich ein gesundes Kind bekommen könnte. Sie ängstigten mich. Ich hatte Angst – diese Leute könnten recht behalten ...

Ich weiß nicht, ob Florian, den wir am Anfang unserer Talfahrt kennenlernten, jüngere Geschwister hatte. Der achtjährige an SMA erkrankte Junge aus der Selbsthilfegruppe war ein Einzelkind. Und unser Arbeitskollege, dessen Tochter an Leukämie starb, tröstete sich nach ihrem Tod mit einem Hund.

Uns immer wieder die schlimmsten Momente und den größten Verlust vor Augen zu halten, damit konnte man uns nicht aufmuntern und schon gar nicht dazu bewegen, der Zukunft mit Freude entgegenzublicken.

Ich brauchte Hilfe.

„Wenn du willst, dann wage es. Ich werde dir beistehen und dich unterstützen ..." Das war die Art Motivation, die ich so sehr brauchte. Diese Worte nur aus dem Mund meiner Mutter zu hören reichte mir allerdings nicht.

*

Diese Geschichte mit dem Berg, den man mit bloßen Glauben versetzen konnte ... Eine bewährte Methode, keine Frage. Den eigenen Glauben am Leben zu erhalten, wenn niemand anderer sonst die Zuversicht hegte, das angestrebte Ziel erreichen zu können, wurde alsbald zur Herausforderung.

Der Weg, den ich mir selbst aussuchte, war lang. Zum allerersten Schritt verhalfen mir andere verwaisten Eltern. Es passierte stumm und ohne ein besonderes Zutun. Die Tatsache, dass sie nach ihrem eigenen Schicksalsschlag erneut Eltern wurden, reichte.

Sie hatten es gewagt.

Also wollte ich es auch wagen.

Phillip war der Beweis, dass ich Kinder bekommen konnte. Wenn man den Statistiken vertrauen durfte, dann war es uns trotz der SMA-Trägerschaft möglich, ein Kind mit gesunden Chromosomen zu zeugen. Diese prozentuale Wahrscheinlichkeit eines gesunden Nachwuchses war für mich jedoch nicht greifbar. Sie stand lediglich geschrieben in Lexika und Wissenschaftsberichten.

Ein erneuter Besuch bei unserem Genetiker eröffnete uns eine völlig neue Option: die Genmutation. Ist SMA ausschließlich vererbbar? Wie ist dieser Defekt entstanden? Der Arzt sprach von einer Genmutation bei der Zellenteilung nach der Befruchtung der Eizelle. Dies sollte bei 2 % der SMA-Erkrankungen der Fall sein. Dies hieße, wir waren womöglich gar nicht Träger dieses Defektes. Um uns Klarheit zu verschaffen, ließen wir uns testen.

Diese Blutabnahme unterschied sich kein bisschen von all den anderen, denen ich mich in meinem Leben schon unterzogen hatte. Doch dieses Mal ging es um mehr, als nur um den Cholesterinspiegel, oder die Feststellung der Blutgruppe.

Kaum verließen wir die Praxis des Genetiker-Ehepaares, verspürte ich die gleiche Unsicherheit wie nach Phillips Biopsie. Sollte sich herausstellen, dass wir tatsächlich Träger dieser Krankheit waren, wussten wir, was auf uns mit einer erneuten Schwangerschaft zukäme. Aber – würde die zufällige genetische Mutation einen Unterschied bedeuten?

Wir erzitterten bei der Vorstellung, dass – egal wie das Testergebnis aussehen sollte – es nicht wirklich von Bedeutung war. Die Möglichkeit einer willkürlichen Genmutation war gering. So gering wie das Risiko, dieser Zufall könnte sich wiederholen. Die Möglichkeit war jedoch auch nicht auszuschließen ...

Heterozygote Deletion der Exons 7 und 8 des SNM1-Gens.

Die Bedeutung war genauso schrecklich wie sie klang. Der Verdacht auf das Vorliegen einer Überträgerschaft für die proximale spinale Muskelatrophie wurde durch diese

Untersuchung bestätigt.

Meinem Mann erhielt dieselbe Diagnose. Überraschenderweise fühlte ich mich mit diesem Ergebnis wohler. Keine verrückt gewordenen Gene. Es gab eine klare Ursache und drei Möglichkeiten, die bei einer erneuten Schwangerschaft eintreten konnten. Ich wusste nicht, ob uns ein anderes Ergebnis vom Kinderwunsch abgehalten hätte. Dieses genetische Gutachten hielt ich für eine gute Basis für einen Neubeginn.

*

Ob es nun wirklich so etwas wie eine Vorahnung gibt, oder den sechsten Sinn einer werdenden Mutter ...

Mein Frauenarzt war bei Phillips Schwangerschaft nicht auf meine Bedenken eingegangen. Ich fühlte mich von ihm nicht ernst genommen und hatte kein Vertrauen mehr zu ihm.

Es reichte mir nicht mehr, einfach nur in den Gelben Seiten nachzuschlagen. Ich brauchte einen Arzt, der sich mit pränataler Genetik beschäftigte. Zudem sollte er auf eine verunsicherte, zweifelnde, ungeduldige und alles in Frage stellende Patientin gut eingehen können.

Vor allem aber musste er mein Vertrauen gewinnen.

Eine erneute Schwangerschaft bedeutete für mich nicht nur einen immer größer werdenden Bauch, sondern eine Herausforderung sondergleichen.

Das sollte der Arzt, der mich durch diese Zeit begleiten würde, auch so sehen. Dieses Mal fragte ich nicht einfach jemanden, der kurz zuvor Mutter geworden war, sondern machte aus der Suche nach einem geeigneten Arzt regelrecht eine wissenschaftliche Forschungsarbeit: Ich recherchierte im Internet und erkundigte mich auf medizinischen Plattformen.

Immer wieder stieß ich auf den Namen:

O. Univ.-Prof. Dr. Peter Husslein

- wurde als Sohn des Gynäkologen, eines ehemaligen Vorstandes der II. Universitäts-Frauenklinik und der Fachärztin für Gynäkologie in 1952 geboren
- studierte Medizin in Wien, promovierte 1975
- absolvierte zahlreiche Auslandsaufenthalte
- 1985 erhielt er die Lehrerlaubnis (Habilitation)
- seit 1992 ist er ordentlicher Professor für Geburtshilfe und Gynäkologie und Leiter der I. Universitätsfrauenklinik in Wien
- seit 1996 ist er Vorstand der Universitätsklinik für Frauenheilkunde

Ich schickte ihm kurzerhand eine E-Mail:

Sehr geehrter Herr Prof. Husslein!

Mein Mann und ich sind Träger eines genetischen Defektes. Unser Sohn Phillip ist im Alter von 6 Monaten an SMA Typ I Werdnig-Hoffmann gestorben. Wir wünschen uns nach wie vor Nachwuchs. Ich möchte Sie auf diesem Weg fragen, ob Sie uns dabei unterstützen möchten.

Mit freundlichen Grüßen ...

Die Antwort ließ nicht lange auf sich warten.

Sehr geehrte Frau ...!

Gerne helfe ich Ihnen bei der Erfüllung Ihres Kinderwunsches. An sich haben Sie auf der Basis der von Ihnen geschilderten genetischen Situation durchaus eine gute Chance, ein gesundes Kind zu bekommen und es gibt sogar Möglichkeiten der pränatalen Diagnostik, um diese Katastrophe möglichst frühzeitig zu erkennen und dem weiteren Ablauf jedenfalls vorzubeugen. Dazu müsste man aber möglichst viel Information vom detaillierten Krankheitsbild haben (gibt es eine Genanalyse, etc., etc.). Ich schlage Ihnen vor, dass Sie sich einen Termin in meiner Ordination ausmachen und möglichst alle Informationen, die Sie von Ihrem bedauerlicherweise verstorbenen Kind haben, mitbringen.
Mit herzlichen Grüßen
o. Univ. Prof. Dr. Peter Husslein

Mit dieser Antwort erfüllte der Vorstand der Universitätsklinik für Frauenheilkunde alle meine Erwartungen. Ich schickte ihm sämtliche Untersuchungsergebnisse und machte mit seiner Ordination einen Gesprächstermin aus.

Als wir zum allerersten Mal das Sprechzimmer vom Prof. Husslein betraten, lagen die Kopien meiner Unterlagen auf seinem Tisch.

Der Professor selbst hatte zudem weitere Informationen eingeholt.

Er erklärte uns die Untersuchungsmöglichkeiten während der Schwangerschaft (Pränatale Diagnostik) und erwähnte nochmals die guten Chancen, auch in unserem Fall ein gesundes Kind zu bekommen. Dafür sollte ich erstmal schwanger werden. Bis es so weit war, wollte er sich erkundigen, welche der beiden Untersuchungsarten bei dieser Krankheit empfehlenswerter wäre und ich – ich sollte die Zeit nutzen und mein Gewicht, das ich seit der Schwangerschaft mit mir herumtrug, reduzieren ...

Professor Husslein hatte sich auf unser Gespräch sehr gut vorbereitet. Es war sehr informativ, alle meine Fragen wurden beantwortet. Ich war geneigt, ihm zu vertrauen.

Wir erfuhren auch, dass sich im Zusammenhang mit genetischen Erkrankungen eine Art Chip in der Entwicklung befand. Mithilfe dieses würde eine frühe Diagnose zu Beginn der Schwangerschaft kein Problem mehr darstellen, da alle numerischen Gendefekte wie zum Beispiel Trisomie (18, 13), Klinefelter Syndrom (47), Turner Syndrom (45) oder eben spinale Muskelatrophie (5) auf Knopfdruck abrufbar und die Tests ohne großen materiellen wie auch zeitlichen Aufwand durchführbar wären.

Sommer 2005

Es kamen immer wieder Tage, an denen ich dachte, nie wieder zur Normalität zurückkehren zu können. Mit einem Nachlassverwalter hatte ich zuvor noch nie etwas zu tun. Da ich mich mit diesem Thema zuvor auch noch nicht befasst hatte, kam ich aus dem Staunen nicht heraus, als ich von der Notariatsangestellten, deren Einladung – oder eher Vorladung – ich gefolgt war, gefragt wurde, ob Phillip nach seinem Tod nicht ein Erbe zurückgelassen hatte.

Während ich noch darüber nachdachte, woher ein Säugling etwas zum Erben heranschaffen sollte, klärte sie mich auf.

„Haben die Großeltern Ihrem Enkel etwas hinterlassen? Geld? Immobilien?"

Mir kamen all die Rechnungen in den Sinn, die unser Konto wie Blei belasteten und die Zahlen dunkelrot leuchten ließen, sodass uns unsere finanzielle Situation auch weiterhin nicht ruhig schlafen ließ.

„Es gibt noch offene Forderungen vom Krankenhausaufenthalt ..."

„Kann nicht sein", erwiderte ich umgehend und bedankte mich im Geiste bei der kosmischen Macht, die mich zuhause dazu bewogen hatte, sämtliche Formulare, Dokumente, Bestätigungen, Berichte aber eben auch Rechnungen, die mit Phillip zu tun hatten, zu diesem Treffen mitzubringen. So war es ein Leichtes, die Überweisungsbestätigungen für den besagten Zeitraum vorzulegen. Nachdem ich mit meiner Unterschrift bestätigte, dass wir leider nicht über vermögende Groß- oder

Urgroßeltern verfügten und unser Baby auch auf keinem anderen Wege zu Vermögen gekommen war, fuhr ich auch schon wieder nach Hause.

Nebenbei bemerkt – die Rechnungssumme wurde deshalb beim Nachlassverwalter eingereicht, weil die bearbeitende Mitarbeiterin seit längerem im Krankenstand war und keiner ihrer KollegInnen sich berufen fühlte, ihre Agenden zu übernehmen.

Nur wenige Wochen später folgte ich schon wieder einer Vorladung. Dieses Mal der des Finanzamtes, um die Ausgaben für Phillips Beerdigung zu belegen, die ich bei der Arbeitnehmerveranlagung eingereicht hatte.

Die mit Phillips Krankheit verbundenen Kosten konnte das Finanzamt nicht berücksichtigen, denn, trotz der Belastung, die diese Ausgaben für uns bedeuteten, bewegte sich die Gesamtsumme unter dem vorgegebenen Mindestbetrag.

Auch anderswo ließen die Erfolge auf sich warten. Nicht nur das Abnehmen erwies sich als schwierig, ebenso eine neue Schwangerschaft.

„Ich würde die Rinde von den Bäumen abknabbern, wenn es helfen würde", sagte ich zu einer Freundin, nachdem ein weiterer Monat erfolglos verstrichen war.

Es ging nicht um Leben und Tod, zumindest nicht um mein Leben, sondern um ein neues Leben. Obwohl wir es erst ein paar Monate versuchten, war ich von Ungeduld geplagt und verfiel rasch in Panik, dass es mit einem Baby womöglich nie wieder klappen könnte.

Als unser Beischlaf bereits das Ausmaß des Volkssports annahm und dennoch nicht fruchtete, ergriff ich andere Maßnahmen: Stressbewältigung.

Herbst 2005

Reiki dient unter anderem der Aktivierung der Selbstheilungskräfte. Manche berichten in diesem Zusammenhang tatsächlich von Wundern. Diese blieben mir bis zuletzt verwehrt, oder erspart. Das schreibe ich bewusst, weil ich mir trotz zahlreicher unverhofften und nicht erklärbaren Eingebungen, die manche als Vorahnungen bezeichnen, ausreichend Skepsis bewahrte. Für mich war und ist die Anwendung von Reiki nicht mehr als eine hervorragende Entspannungsmethode. Meine ersten Reiki-Erfahrungen verdanke ich unserer Nachbarin. Inzwischen bin ich selbst eine Reiki-Meisterin und dies alleine dank unseres verstorbenen Sohnes. Die Krankenschwester, die ich bei unseren Besuchen auf der Intensivstation nie angetroffen hatte, von der uns jedoch immer wieder berichtet wurde, war und ist selbst eine praktizierende Reiki-Meisterin und Lehrerin. Unsere erste Begegnung fand einige Monate nach Phillips Tod statt.

Den Kontakt zu ihr suchte ich, um mehr über unseren Sohn zu erfahren. Dinge, die mir entgangen waren, für die ich blind oder zu gestresst war, um sie zu bemerken. Und vielleicht auch ein paar Dinge, die ein *Normalo*, wie ich, einfach nicht wahrnahm.

Nein, Phillip war kein Außerirdischer von einem weit entfernten Planeten. Obwohl tot, behauptete diese Frau auch weiterhin mit ihm in Kontakt zu stehen und da ich dies nicht glauben wollte, *verriet* ihr Phillip kurzerhand ein paar Details, bei denen mir wahrhaftig das Hören und Sehen verging.

Er erzählte ihr von seiner Großmutter – meiner Mutter

–, die tagein tagaus ein Tuch um den Hals gewickelt trug. Ebenso von dem Medaillon an der Kette, die ich nach seinem Tod über sein Bild, das in unserem Wohnzimmer an der Wand hängt, legte. Diese Krankenschwester ist meiner Mutter nie begegnet. Sie war nie in dem Kinderkrankenhaus zu Besuch gewesen. Ebenso war die Intensivstationsschwester noch nie bei uns zu Hause. Weder vor Phillips Tod noch danach.

Erst nach langen Stunden und einer Reiki-Sitzung verließ ich das Haus dieser Frau. Tränenüberströmt, aber unsagbar erleichtert. Weder bekehrt noch von irgendwas überzeugt, hat sie mir auch nichts glaubhaft gemacht. Ich fühlte mich einfach nur befreit. Befreit von den Schuldgefühlen, die die kleineren und größeren Misserfolge der letzten Monate in mir anwachsen ließen. Und ich fühlte mich erholt, wie schon lange nicht mehr.

Neugierig, was sich hinter diesem Phänomen versteckte und auch gewillt, dieses für mich selbst zu nutzen, buchte ich bei ihr die Ausbildung für den 1. Grad.

Dieses Erlebnis erst brachte mich auf den Geschmack, meinen Horizont für alternative Methoden zur Steigerung des Wohlbefindens zu erweitern.

Auf einer Internetplattform stieß ich auf eine Hypnose-Gruppe. Die Möglichkeit positiver Suggestionen mit entsprechenden Triggern klang sehr interessant, dennoch schaffte ich es trotz schriftlicher Anleitung nicht, Selbsthypnose durchzuführen. Umso mehr freute es mich, als einer der Gruppenmoderatoren, der in der Schweiz lebte, einen Kurztrip nach Wien unternahm und neben all seinen Terminen auch bei mir an der Tür klopfte.

Neben einem interessanten Gespräch kam ich in den Genuss einer kurzen Hypnose. Dabei ging es mir weniger ums Abnehmen oder Sprachen lernen im Schlaf, sondern darum, wie sich der Zustand – hypnotisiert zu sein –

anfühlt. Gerade für jemanden wie mich, der im letzten Jahr verbissen darum gekämpft hatte, alles unter Kontrolle zu bekommen, und zu halten, war es befremdlich, genau diese abzugeben.

Im weiteren Gespräch bekam ich die Adresse eines in Deutschland lebenden Naturheilpraktikers.

Übrigens – zu dieser Zeit glaubte ich noch, Bachblüten hießen deshalb Bachblüten, weil sie am Bach wachsen würden.

Auch dies probierte ich aus. Und mein Wohlbefinden verriet mir, dass ein Mann, der mehr als tausend Kilometer von mir entfernt lebte, lediglich anhand einer Mikrowellenanalyse eines Tropfens meines Blutes eine passende Bachblütentherapie für mich zusammenstellen konnte. Meine eigene Intuition, mit der ich selbst in der Apotheke die Bachblüten-Karten gezogen hatte, hingegen völlig daneben lag.

Es gab schier unendliche Möglichkeiten, das eigene Wohlbefinden zu steigern, einen Ausgleich zum stressigen Alltag zu schaffen, der eigenen Psyche und dem Körper etwas Gutes zu tun.

Massagen gehörten auch dazu.

Shiatsu ist keine asiatische Hunderasse. Wie der Name schon verrät, geht es um Druck, den der oder die MasseurIn mit den Fingern ausübt. Die Akupunktur und/oder Akupressur: Punkte entlang der Meridiane, welche die Energie durch den Körper leiten, werden massiert und dadurch mögliche Energiestaus und Blockaden gelöst. Gerade diesen Druck empfand ich als unerträglich und gelangte rasch zu der Erkenntnis: Was einem anderen guttut, muss nicht auf mich, dich oder Sie zutreffen. Dies war und ist kein banaler Spruch. In dieser oder etwas veränderter Form machte mir genau diese Feststellung an manchen Tagen das Leben so richtig schwer ...

Neben Wellness und Sport – da ich ja eine klare Anweisung vom Arzt bekommen hatte – wollte ich auch etwas für meinen Geist tun und absolvierte ein dreitägiges Seminar: Schreiben aus dem Unterbewusstsein. Wer glaubt, dass man sich nach dem Konsum eines Joints oder ähnlichem dann einfach nur mit einem Stift und Block in die Ecke verzieht – weit gefehlt. Die Seminarveranstalterin gab uns, den Teilnehmern, drei Worte vor, die in einer Kurzgeschichte oder einem kurzen Märchen vorkommen sollten. Nach dem Fertigstellen des Textes wurde dieser von ihr und den anderen Teilnehmern analysiert.

Auch wenn ich in Frage stellte, wie unbewusst etwas sein soll, dass nach einer Vorgabe ausgeführt wird, erfuhr ich allerhand über mich. Zum Beispiel, dass ich angeblich eine stark ausgeprägte soziale Ader haben soll.

Die hawaiianische Massage, wird auch die Königin der Massagen genannt. Zu Klängen polynesischen Musik wird der gesamte Körper bis zu 90 Minuten massiert. Aber nicht jede Lumi Lumi Nui, wie diese Art der Massage auch genannt wird, wird nach den 7 Prinzipien der uralten schamanischen Huna-Weisheitslehre durchgeführt. Das Original erinnert an den Hula-Tanz. Nicht nur die *Massage-Griffe* sind speziell, der oder die MasseurIn tänzelt wortwörtlich um die Liege herum. Manche befolgen die Tradition und singen dabei hawaiianische Lieder.

Es sind vor allem die 7 Prinzipien, die den Unterschied machen. Jedes davon hat seine eigene Bedeutung wie Bewusstsein, Freiheit, Fokus ..., jedem sind eine Farbe und ein Tier zugeordnet.

Da die Ausbildung meist über mehrere Monate, wenn nicht gar Jahre dauert, ist Lumi Lumi Nui nichts für den kleinen Geldbeutel. Weder für den, der die Ausbildung absolvieren möchte. Noch für den, der in den Genuss dieser Massage kommen will. Gerade deshalb empfehle ich, darauf zu achten, dass es sich um die traditionelle Ausführung handelt und nicht um Nachahmer, die *lediglich* mit den allbekannten fünf Elementen in Verbindung zu bringen sind und nach dem Prinzip massieren – wie der Wind weht oder sich ein Stein anfühlt.

Winter 2005

Es gibt wahrlich unendlich viele Möglichkeiten, sein Selbst zu zelebrieren. Das ist gut so, denn gerade weil wir alle Individuen sind, die es kein zweites Mal in der Geschichte gibt, hat jeder von uns andere Bedürfnisse, Interessen und Vorlieben. Da es sich um Angebote handelt, die mitunter viel Geld kosten, ist größte Vorsicht geboten vor Scharlatanen, Möchtegerns und einfach nur Leuten, die Verzweifelten das Geld aus der Tasche ziehen.

Es ist mir schon öfters zu Ohren gekommen, dass es Lebensmittel gibt, die der eigene Körper nicht verträgt und deshalb die überschüssigen Kilos bunkert. Als ich von meiner Nachbarin die Einladung zu einer NAET Sitzung erhielt, war ich neugierig. Schließlich kämpfte ich schon Monate mit dem Übergewicht, das mir Phillip neben ein paar anderen wenigen Dingen hinterlassen hatte.

Die Wohnung der Therapeutin, die sich über zwei Stockwerke erstreckte, fand ich außergewöhnlich und spannend. Wenig spannend fand ich die Tatsache, dass ich auf den Balkon verbannt wurde, um die *Kreise* meiner Nachbarin nicht zu stören, die sich vor mir einer Behandlung unterzog.

Das Wetter war schön, die Sonne schien, aber in mir drin fand ein Gewitter statt. Ein Gefühl, als erwartete ich den Weltuntergang, machte sich in mir breit und mir zunehmend zu schaffen, sodass ich am Ende tatsächlich nach einer Möglichkeit Ausschau hielt, wie ich mich über den Balkon aus dem Staub machen könnte, ohne die

Wohnung zu betreten.

„Du spinnst!", ermahnte ich mich immer wieder selbst und harrte aus, was ich am Schluss tatsächlich zutiefst bedauerte.

Als ich an die Reihe kam, musste ich auf einer Liege Platz nehmen. Auf dem Rücken, was für mich auch sonst schon schwer zu ertragen ist, da ich in dieser Position binnen kürzesten Zeit unerträgliche Rückenschmerzen bekomme. Mit gestrecktem Arm, gegen den die Therapeutin einen sanften Druck ausübte, während ich ein kleines Fläschchen nach dem anderen in der Hand hielt.

Die Aura, Vibration, die Energie von Orangen, Putenfleisch, Getreide und ja, sogar der eigenen DNA sollten sich darin befinden. Der Clou des Ganzen? Die Therapeutin versprach, mit ihrer Energieeinwirkung die festgestellten Allergien aufzulösen. Bei mir gab es allerdings gleich mehrere Knackpunkte. Der erste – ich war auf alles allergisch. Auf jede einzelne Probe. Sogar auf mein eigenes Gehirn und die DNA. Der zweite Knackpunkt: Ich konnte mir nicht aussuchen, welche der Allergien ich lösen will. Die vorgegebene Reihenfolge musste eingehalten werden.

Das Versprechen der Therapeutin war mutig. Nein, eigentlich nicht mutig, sondern schlichtweg unverschämt, dreist und anmaßend ohne Ende. Sie behauptete, ließe ich all meine Allergien der Reihe nach aufzulösen, auch die von meiner DNA, würde sich der Gendefekt quasi in Luft auflösen.

Spätestens an dieser Stelle wünschte ich mir, ich wäre vom Balkon gesprungen.

2006

Es fühlte sich an wie ein verspätetes Weihnachtsgeschenk – der positive Schwangerschaftstest. Freudestrah-
lend reservierte ich einen Termin bei meinem Frauenarzt.
„Ist womöglich noch zu früh, es sind noch keine Herztöne zu sehen." Die Aussage entmutigte mich kein bisschen, aber zugegeben, als ich eine Woche später an die
Tür seiner Praxis klopfte, hatte ich ein mulmiges Gefühl
im Bauch.

„Vielleicht eine Eileiterschwangerschaft", sagte der
Arzt und betrachtete das positive Ergebnis des Tests, den
er mich in seiner Praxis machen ließ, weil er immer noch
keine Herztöne feststellen konnte.

An die Einzelheiten, was zu tun sein wird, wenn das
leblose Etwas, mit dem ich schwanger war, nicht von
alleine abgehen würde, erinnere ich mich nicht mehr. Bis
zuletzt hoffte ich auf einen positiven Ausgang, aber das
Gegenteil geschah. Ein einziger Toilettenbesuch an einem
der folgenden Tage reichte aus, und ich spülte diese
Schwangerschaft wortwörtlich die Toilette runter.

Bei dem Kontrollbesuch beim Arzt wurden auch ganz
andere Themen besprochen. Fragen wie: Sind meine
Eizellen hochwertig oder vielleicht die Eileiter verklebt?
Wie sieht es mit den Spermien meines Mannes aus?

Der Arzt stellte rasch klar, dass jede dieser Fragen ein
Problem darstellen konnte, und erstellte sogleich eine
Liste mit möglichen Ursachen, die abgeklärt werden soll-
ten.

Er verschrieb mir ein Hormonpräparat, das meinen
Körper bei der Produktion von Eizellen unterstützen

sollte.

„In dem Beipackzettel steht geschrieben, dass es bei Einnahme dieses Präparates vermehrt zu Mehrlingsschwangerschaften kommen kann", erkundigte ich mich bei einem weiteren Besuch beim Arzt.

„Ja", antwortete er knapp.

„Ist das nicht riskant? Wie soll dann die pränatale Untersuchung durchgeführt werden? Nicht, dass zwei Mal das gleiche Baby getestet wird ...?"

Der Arzt sah mich an und verkündete: „Wir machen das nicht seit gestern."

Nach all dem, was ich schon erlebt hatte, von Ärzten, die ihren Beruf nicht erst seit gestern ausübten, fiel es mir schwer, ihm zu vertrauen. Aber da ich ohne medikamentöse Unterstützung nicht schwanger wurde, wollte ich dieses Risiko eingehen.

Wenige Wochen später klopfte ich wieder an die Tür seiner Praxis und nur ein paar Untersuchungen später verließ ich diese mit einem Ultraschallbild und dem Wissen, dass ich ein schlagendes Herz unter meinem Herzen trug.

Dieses Mal wollte ich kein Risiko eingehen. Natürlich wusste ich, dass Fliesenlegen im 9. Schwangerschaftsmonat nicht gerade die optimalste Körperbetätigung war, auch wenn Phillip sein Leiden nicht dem gefliesten Boden in unserem Haus zu verdanken hatte.

Ich vereinbarte mir einen Termin mit dem Chefarzt des Versicherungsträgers. Nachdem ich diesem von dem Tod unseres Sohnes berichtet hatte, schickte er mich in den vorzeitigen Mutterschutz.

In der 14. Schwangerschaftswoche suchten wir die Fetomed-Praxis auf, um eine Chorionzotenprobe (Probe vom Mutterkuchen) entnehmen und testen zu lassen.

Neben einer Blutabnahme wurde ein weiterer Ultraschall durchgeführt. Die Ärztin sprach uns Zuversicht zu, es war die Rede von normalen Kindsbewegungen. Und dann war die eigentliche Untersuchung dran.

Zuerst wurde die Bauchdecke betäubt.

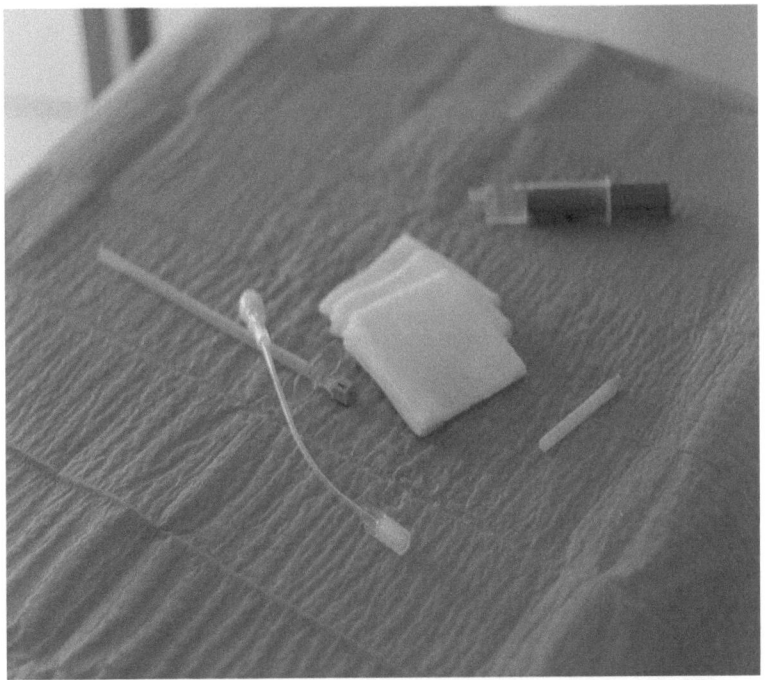

Mit einer langen Nadel, unter Zuhilfenahme des Ultraschalls, wurde der Mutterkuchen angestochen, und mit einem gewöhnlichen Spritzenkolben eine Probe entnommen. Durch die Betäubung meiner Bauchdecke spürte ich den Einstich mit der wesentlich stärkeren Nadel nicht. Die Bewegungen im Bauchinneren vernahm ich jedoch deutlich.

Angespannt lag ich auf der Liege, versuchte, mich keinen Millimeter zu bewegen. Auf der einen Seite drückte ich die Hand meines Mannes, auf der anderen den Oberarm der Ärztin.

An der Wand mir gegenüber hing ein Bildschirm, an dem ich den gesamten Verlauf der Probeentnahme beobachten konnte.

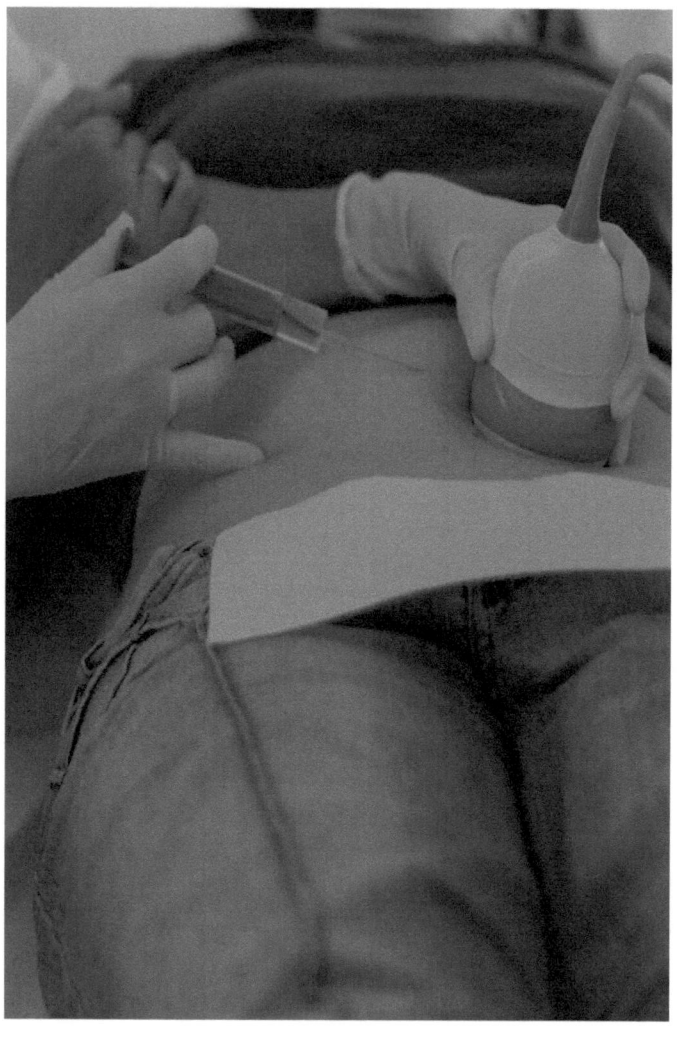

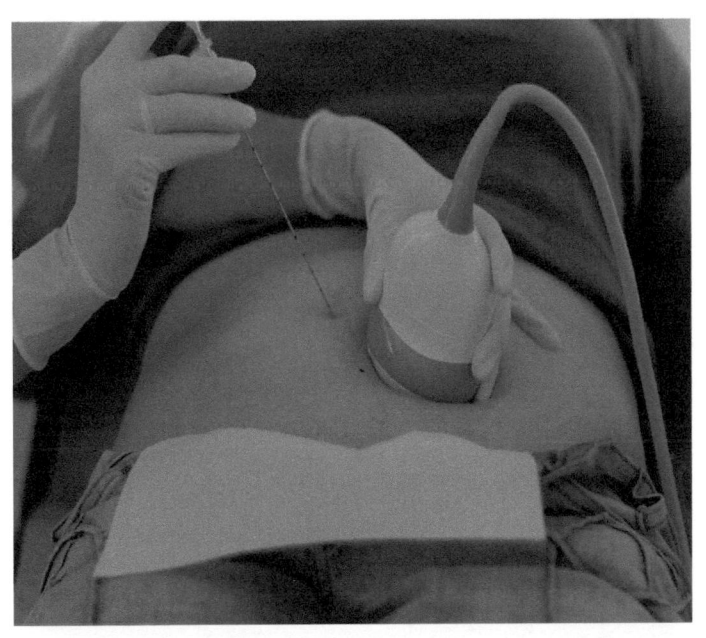

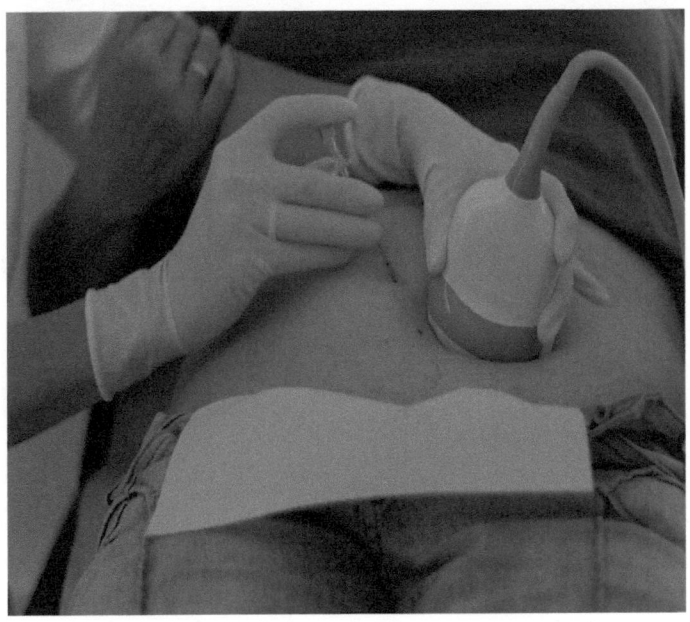

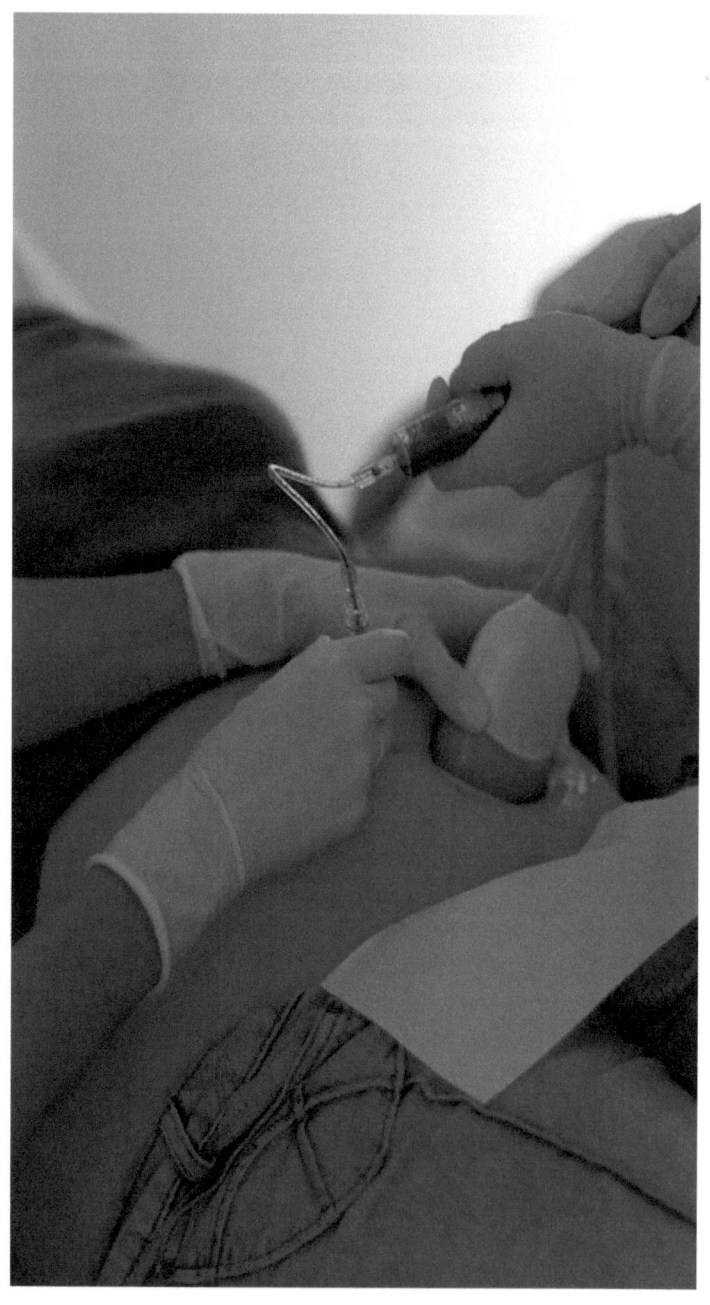

Zum Abschluss der Untersuchung wurde noch eine mögliche Blutung, die vom Mutterkuchen stammen konnte, besprochen. Unsicher und vor allem auf gute Ergebnisse hoffend, verließen wir die private Praxis.

*

Nur zwei Tage später rief mich mein Frauenarzt persönlich an. „Ich bedaure es zutiefst ...", weiter hörte ich gar nicht mehr zu.

Der Genetiker hatte uns aufgeklärt und auch so hatten wir zur Genüge über alle Möglichkeiten gelesen und uns informiert. Dennoch konnte und vor allem wollte ich nicht glauben, was ich eben zu hören bekommen hatte. „Ich habe Ihnen für morgen einen Termin im Krankenhaus vereinbart."

Gleich in dem Moment, als er aufgelegt hatte, rief ich die Anrufliste auf, um nachzusehen, ob der Anruf auch wirklich stattgefunden hat. Unmöglich!, dachte ich mir. Wir hatten doch schon ein Kind verloren. Nie im Leben hätte ich es für möglich gehalten, dass es uns noch ein weiteres Mal passieren könnte.

Ich rief den Genetiker an und fragte ihn tatsächlich, ob ihm nicht ein Fehler unterlaufen war.

„Das hat mich Ihr Arzt auch schon gefragt", entgegnete er sofort. „So leid es mir auch tut – Irrtum ausgeschlossen."

Die meisten der Untersuchungen, die für einen Schwangerschaftsabbruch notwendig waren, hatte ich schnell absolviert. Am Schluss fehlte nur noch das EKG.

„Ich war früher auf der Geburtenstation, aber irgendwann ertrug ich all die Fehlgeburten nicht mehr. Das Leid der Frauen ... deshalb ließ ich mich versetzen", berichtete mir die Krankenschwester, ohne dass ich danach gefragt hatte. „Wieso wollen Sie das Baby nicht?", brachte sie es auf den Punkt.

„Was heißt – nicht wollen?", fragte ich entsetzt.

Ich komme aus einem Land, in dem es früher viel einfacher war, ein Kind abzutreiben als an die Anti-Baby-Pille ranzukommen. Mit 18 Jahren, jung, naiv und vor allem leichtsinnig, war ich noch entschlossen, eine ungewollte Schwangerschaft vorzeitig zu beenden, sollte es tatsächlich passieren. Aber mit 33 Jahren dachte ich ganz anders.

„Dieses Baby wird nicht älter als 18 Monate werden. Ich habe schon ein Kind zu Grabe getragen, ein weiteres Mal schaffe ich es nicht mehr", brach ich in Tränen aus.

Die Schwester bedauerte bestimmt, mir die Frage gestellt zu haben, und ich fühlte mich wieder mal darin bestätigt, dass man gerade bei Berufen, in denen meiner Meinung nach Einfühlungsvermögen und Empathie zu den Grundvoraussetzungen gehörten, um diesen Beruf überhaupt erst ausüben zu können, vor Enttäuschung und ja, sogar Verletzungen nicht sicher war.

Am Schluss bekam ich Medikamente, die ich direkt an Ort und Stelle zu mir nehmen musste, um den Schwangerschaftsabbruch einzuleiten.

Mein Mann wollte mich nicht ins Krankenhaus begleiten. „Was soll ich dort?", fragte er mich und da mir selbst außer – um mir die Hand zu halten – nichts anderes einfiel und ihm genau dies offensichtlich nicht wichtig war, stieg ich am nächsten Morgen alleine in den Zug.

„Sag dem Arzt, er soll nicht nach mir suchen", hätte ich ihm am liebsten am Bahnsteig zum Abschied gesagt. Ich fühlte mich furchtbar. Der bevorstehende Eingriff war ein weiterer Tiefpunkt auf meinem Weg zu einem Wunschkind. Das Schlimmste daran war, dass ich ein Wunschkind in mir trug und mich dennoch entschieden habe, sein Leben zu beenden, bevor es selbst leidvoll zugrunde gehen sollte. Gerade diese Entscheidung fühlte sich so schrecklich an, dass ich wahrlich überlegte, nicht bei dem Krankenhaus auszusteigen, sondern einfach weiterzufahren. Irgendwohin, an einen Ort, wo mich niemand kannte, wo niemand Bescheid wusste, wo mir niemand mit deplatzierten Bemerkungen, Vorwürfen und neunmalklugen Ratschlägen kommen würde. Dann wurde mir klar, dass ich dem allem entkommen könnte, aber nicht dem frühzeitigen Tod meines Kindes.

Niemand hatte mir erklärt, was genau mich an diesem Tag in dem Krankenhaus erwartete und das war dieses Mal gut so, denn sonst wäre ich wahrscheinlich davongelaufen. Ich bekam weitere Medikamente, die die Geburt einleiteten.

Einige Zeit darauf lag ich in Wehen und gebar nach Stunden, in der 14. Schwangerschaftswoche ein totes Kind.

„Sehen Sie zu", sagte ich der Schwester, die während der gesamten Zeit nicht von meiner Seite gewichen war, „... dass ich es nicht zu sehen bekomme." Meine Angst war groß, es nicht zu überstehen, mein zweites Kind tot zu sehen oder es gar in den Händen zu halten. Und genau so, wie ich mir dies ersparen wollte, wünschte ich mir, ich wäre auch von folgender Frage verschont worden: „Wieso haben Sie Ihren Mann nicht mitgebracht?"

Nach der Geburt bekam ich Medikamente, die anstelle der fehlenden Hormone dafür sorgen sollten, dass sich meine Gebärmutter zurückzieht. Danach konnte ich endlich drüber schlafen.
Am nächsten Tag suchte mich die Krankenhaus-

psychologin auf, die mir ein entlastendes Gespräch anbot, aber ich lehnte dankend ab und begab mich alleine nach Hause. Am Bahnhof erreichte mich der Anruf der Personalabteilung der Firma, in der mein Mann und ich angestellt waren. Die Dame erkundigte sich nach meinem Befinden, das an diesem Tag nicht gerade von Freude und guter Laune geprägt war. Ich informierte sie über das Ende meiner Schwangerschaft, worauf sie mir nahelegte, bald wieder arbeiten zu kommen. Man könnte sich nämlich bald nach einem Ersatz umsehen.

„Wir wussten, dass dies geschehen kann", erklärte der Arzt.

„Dennoch habe ich nicht damit gerechnet", entgegnete ich karg. Mir war bekannt, dass bei jeder Schwangerschaft dieses 1:4 von neuem zählte ... Tief in mir hoffte und ja, ich glaubte sogar, mit Phillip und der Fehlgeburt hätte ich gleich zwei der schlechten Möglichkeiten ausgeschöpft und es bliebe nur noch die Trägerschaft und ein völlig gesundes Kind übrig. Das war natürlich ein Irrglaube. „Kennen Sie das Geschlecht? Vielleicht ... vielleicht ist ein Geschlecht mehr anfällig für diesen Defekt."

„Es war ein Mädchen", zerstörte er meine Hoffnung. „Und jetzt?", erkundigte er sich.

„Mir ist klar, dass es mir von 10 Schwangerschaften 10 Mal passieren kann", hatten ich es endlich verinnerlicht. „Meine Schwester hat sich testen lassen und es stellte sich heraus, dass sie kein Träger dieses Gendefektes ist. Was halten Sie von der Idee einer Eizellspende?"

„Das ist natürlich etwas anderes als eine Samenspende, denn bei dieser tragen Sie das Kind eines anderen aus und das könnte ein Problem für Ihren Mann darstellen. Obwohl die Eizelle von einer anderen Frau stammen würde, Sie selbst würden das Kind Ihres Mannes austragen und der Bezug wäre von Anfang an da ...", erklärte er.

Meine Eltern haben recherchiert. Ein amerikanisches Unternehmen, mit einer Niederlassung in der Tschechei, bot an, die Eizellen kurz nach der Befruchtung zu testen und in weiterer Folge nur die *gesunden* der Mutter einzusetzen.

„Bedenken Sie, dass nicht aus jeder künstlichen Befruchtung auch eine Schwangerschaft wird." Auch davon habe ich gelesen. Die Verlustrate war ziemlich hoch, die Testung der Embryos nicht ungefährlich und der Eingriff teuer.

„Überlegen Sie es sich. So tragisch die letzte Schwangerschaft auch endete, wir wissen jetzt, dass Sie schwanger werden können."

„Ich will es ja versuchen und wenn es sein soll, dann immer und immer wieder. Ich mache mir jedoch Sorgen, wie viel sich mein Körper gefallen lässt."

„Der Körper verträgt viel", machte er mir Mut. Weit mehr Mut als so manch anderer ...

„Was machst du denn für Sachen?" Mit diesen Worten und einem Grinsen auf den Lippen hieß mich die Kollegin an meinem ersten Arbeitstag willkommen. Genau die Kollegin, die schon mit dem Gendefekt unseres Sohnes nicht umgehen konnte und zu dem angekündigten Besuch nicht gekommen war.

Und ich kam zu der Erkenntnis, dass ich meine Vorgehensweise gravierend verändern musste.

Dazu bekam ich auch alsbald die Gelegenheit. Nur etwas mehr als einen Monat später klopfte ich schon wieder an die Praxistür meines Arztes.

Dieses Mal wussten wir genau, was auf uns zukam. Das Wagnis sollte sich auszahlen, denn am Geburtstag meines Mannes, während ich einkaufen war, rief mich die Ärztin der Fetomed-Praxis an. „Gratuliere, das Ergebnis ist negativ."

Mir war nach Jubeln. „Wissen Sie das Geschlecht?"
Die Ärztin zierte sich und erklärte es damit, dass es
Menschen gibt, die ein bestimmtes Geschlechter vor-
ziehen und sie eine gesunde Schwangerschaft nicht in
Gefahr bringen möchte.

„Ich will doch nur anfangen, nach einem passenden
Namen zu suchen. Das Geschlecht ist mir egal." Ich erinnerte mich genau, wie ich während der ersten Schwangerschaft zu meinem Kollegen gesagt hatte, dass ich mir
einen Jungen wünschte. Er meinte damals – hauptsächlich
gesund. Zu der Zeit war ich davon überzeugt, dass man
mit einem halbwegs gesunden Lebenswandel garantiert
ein gesundes Kind bekommen würde. Das sah ich nun
anders.

„Hauptsache gesund."

„Es wird ein Junge", verriet die Ärztin dann doch.
Erst nach diesem Ergebnis meldete ich die Schwangerschaft bei meinem Arbeitgeber. Ich verzichtete lieber auf
den Kündigungsschutz, als mir im Falle eines negativen
Ergebnisses wieder anhören zu müssen, wie ich nur
konnte und warum ich es mir nicht verkniff.

Ebenso verkneifen hätte ich mir die Anmeldung bei
einer Plattform sollen, die speziell für Angehörige und
Betroffene von Spinaler Atrophie und Dystrophie entstanden war.

Ich suchte nach Leuten, die sich wie ich nicht mit
diesem Schicksal abfinden wollten und weitere Schwangerschaften riskierten, oder gar mit einem gesunden Kind
gesegnet wurden. „Wie konntest du nur! Mörderin!", kommentierten
viele meinen Vorstellungsthread, in dem ich unter anderem auch von der Abtreibung berichtete.

Selbstverständlich sah ich nach, welchen Hintergrund
die Hater hatten. Allesamt waren sie von ausgeprägter
Muskelschwäche betroffen, die ihnen ein Leben im Roll-

stuhl beschert hatte. Keiner von ihnen war aus diesem Grund akut vom Tod bedroht und kein einziger von ihnen hatte ein Kind verloren.

2007

Benjamin kam im April 2007 durch einen geplanten Kaiserschnitt zur Welt.

Trotz großer Angst vor einen peritonealen Anästhesie (Kreuzstich) wählte ich diesen Weg, um mein Kind schnell zu holen, nicht das Risiko einzugehen, dass sich die Nabelschnur um seinen Hals wickelte, oder er im Geburtskanal stecken blieb.

Meine Übelkeit am Operationstisch bekamen die Ärzte schnell in den Griff und nachdem ich mich beklagte, weil ich fror, wurde ich rasch zusätzlich zugedeckt.

Als mich am nächsten Tag die Physiotherapeutin zum Aufstehen aufforderte, war ich felsenfest davon überzeugt, nie wieder auf die Beine zu kommen. Dennoch bereute ich nicht, mich für eine operative Entbindung entschieden zu haben.

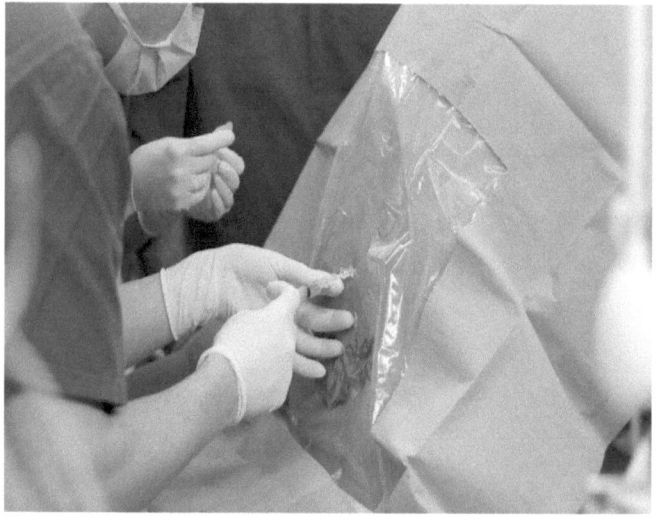

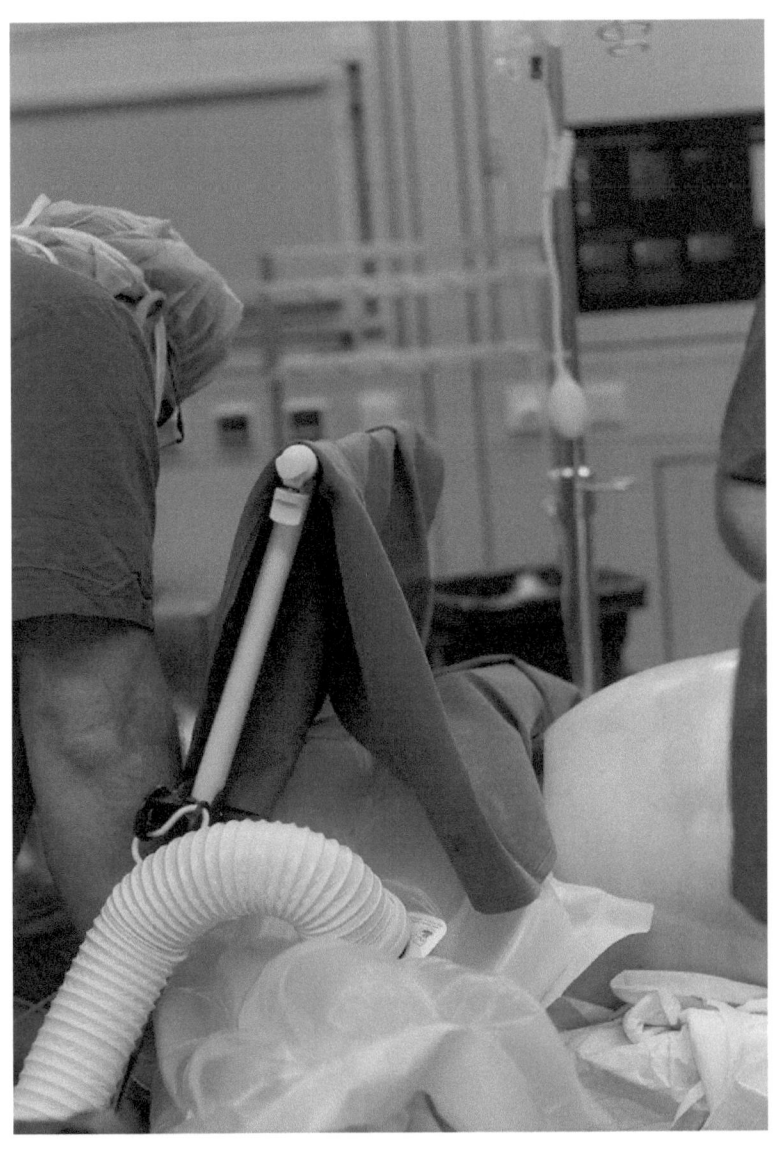

Der schlechten Erfahrung zum Trotz, blieb ich auf der Plattform registriert. Ich hatte dort eine Mutter aus Deutschland kennengelernt.

Ihr Sternenkind hieß Jonas.

Mit meinem Glück hoffte ich, sie genügend ermutigen zu können, nicht aufzugeben.

2008

Jetzt wollte ich es erst recht wissen und als sich die Gelegenheit bot, schlug ich zu – beim Handlesen. Zwei Kinder, Phillip inbegriffen, waren mir angeblich vom Universum vergönnt. Die Handlinien würden nicht lügen – behauptete sie. Glücklicherweise sah es mein Schicksal nicht so, denn keine 18 Monate später waren wir zu viert.

Im September 2008 kam Julian, ebenfalls per Kaiserschnitt, zur Welt.

Voller Freude wollte ich mir nach der Rückkehr aus dem Krankenhaus einen Termin beim Kinderarzt ausmachen, um die Entwicklung unseres Babys begutachten zu lassen. Aber die Praxis war zu. Die Ansage vom Band berichtete von einem Todesfall in der Familie. Dass es sich um den Selbstmord des beliebten Arztes handelte, der mich bei Phillip so gut unterstützt hatte, erfuhr ich erst viel später.

Und Dinge, die nicht für meine Ohren bestimmt waren, gleich mit dazu.

Es tut nicht gut, zu erfahren, dass einer der wenigen Menschen, der mich mit Rat und Tat unterstützte und uns sogar angeboten hatte, nach den Praxisstunden vorbeizukommen, um sich den Frust von der Seele zu reden, genau an solchen und ähnlichen Hilfeleistungen zerbrochen war.

Auch die Information, dass in naher Umgebung ein weiteres Elternpaar wohnte, das bereits ein Kind an SMA verloren hatte, schien mir mehr ein Vergehen gegen den Datenschutz zu sein, als die Bestätigung dafür, dass wahrlich jeder mit dieser Diagnose anders umging.

Diese Eltern hatten bereits eine Tochter verloren. Bei der darauffolgenden Schwangerschaft verzichteten sie bewusst auf die Untersuchung, legten es in die Hand Gottes und nahmen ein weiteres todkrankes Kind an, als Strafe für ihre vorherigen, gescheiterten Ehen.

Jeder sucht sich seinen eigenen Weg, um mit einer Situation fertig zu werden. Wenn kein anderer dabei zu Schaden kommt – gibt es kein Richtig und kein Falsch.

2009

Falsch war sicher auch meine Entscheidung nicht, es noch ein drittes Mal zu versuchen. Auch, wenn die Mama vom Sternenkind Jonas inzwischen ebenfalls ein gesundes Baby bekommen hatte und sich entschied, ihr Glück kein weiteres Mal herauszufordern.

*

Der Test war eindeutig, doch die Schwangerschaftsbegleiterscheinungen hielten sich in Grenzen. Morgens war mir nicht übel. Das Ziehen im Unterleib, verursacht von dem Dehnen der Gebärmutter, ließ auf sich warten. Während meine Freundin die Ausbildung zur Nageldesignerin machte, saß ich ihr Model. Ihre Kursleiterin erzählte, dass die künstlichen Fingernägel in der Schwangerschaft schlecht halten würden.

An meinen Fingern hielten sie bombenfest.

„Es ist alles in Ordnung", redete ich mir noch eine Woche später ein, als ich einen winzigen roten Faden auf meiner weißen Unterwäsche fand. Mit bloßem Auge kaum erkennbar, dachte ich dennoch sofort an Blut.

„Ich kann keine Blutung erkennen." Die Ärztin im Wiener AKH beendete ihre Untersuchung. Sie zeigte mir demonstrativ den Teil des Ultraschallgerätes, mit dem sie vorhin meinen Unterleib untersucht hatte.

Ich blickte zum Bildschirm.

„Es ist alles, wo es sein soll." Sie deutete auf den kleinen dunklen Fleck. „Aber es ist noch viel zu klein, man kann keine Herzaktivität erkennen", bestätigte sie unbewusst meine Bedenken.

Ich war mittlerweile in der dreizehnten Schwangerschaftswoche. Unwichtig, wie unregelmäßig meine Periode kam. Überzeugt, zu diesem Zeitpunkt müsste der Herzschlag bereits zu sehen sein, konnte mich die Aussage der Ärztin nicht beruhigen.

Als ich meinem Gynäkologen gegenüber saß, verschwieg ich ihm meine Gedanken. Ob ich doch noch insgeheim hoffte, oder einfach nur nicht den Teufel an die Wand malen wollte, das wusste ich damals auch nicht so genau.

Der Arzt gab mir eine Weisheit mit auf den Weg: „Die Natur richtet es sich selbst." Und bestellte mich eine Woche später in seine Praxis.

Ich dachte mir nur: „Spätestens dann werde ich es erfahren ..."

Ich erfuhr es wesentlich schneller. Am 1. Mai war ich nach dem Frühstück mit meinen Kindern spazieren. Wie jeden Tag. Wir marschierten unsere vier Kilometer Strecke ab, genossen das schöne Wetter und begrüßten jede Laterne auf unserem Weg.

Mein älterer Sohn hatte gerade das Wort Lampe gelernt.

Ich war gut gelaunt. Nicht nur, weil Benjamin seinen Spaß hatte. Es war der ziehende Schmerz in meinem Becken, der mir solche Freude bereitete.

„Die Gebärmutter dehnt sich!"

Mir fehlte zwar die medizinische Ausbildung, aber ich hatte bereits genügend Erfahrung. Die Gebärmutter bereitete sich auf das Wachsen des Babys vor. Dieses Ziehen konnte unter Umständen ziemlich heftig werden.

„Alles ist in Ordnung", hoffte ich von neuem auf einen

guten Ausgang und gerade diese Hoffnung half mir über den Schmerz hinweg.

Es war ein Feiertag. Nach dem Mittagessen brachte ich gemeinsam mit meinem Mann unsere Jungs ins Bett. Auch ich legte mich schlafen. Meine außergewöhnliche Müdigkeit schob ich nicht nur der frischen Luft und dem langen Spaziergang zu, sondern auch meiner bereits sechsten Schwangerschaft.

Der Schmerz ließ mich jedoch nicht einschlafen. Ich versuchte mich zu entsinnen, ob es während der anderen Schwangerschaften auch so extrem schmerzhaft war.

Am nächsten Tag waren die Jungs bereits munter, als mich die volle Blase aus dem Bett trieb.

Vom Blutsturz hatte ich bereits gehört. Es ist aber ein viel zu kurzes Wort für all die Gefühle und Ängste, die dabei in einer Frau hochkommen. Und wieder musste ich einsehen, dass es keinen Sinn machte, sich zwanghaft zu bemühen positiv zu denken. Erneut musste ich gestehen, dass ich trotz all der Erfahrungen nicht gelernt hatte, mich nicht an meine Wünsche zu klammern, sondern einfach nur auf das Bauchgefühl zu hören.

„Schaust du bitte auf die Kinder", ich schlurfte gekrümmt ins Wohnzimmer und griff zum Handy.

Mein Mann zwinkerte mich verdutzt an.

„Ich blute stark."

Es war nicht das Dehnen der Gebärmutter, sondern der Schmerz, der vom Austreiben kam.

Für dieses Baby war es zu spät.

Für mich noch lange nicht.

Beruflich wählte ich die Nummer 144 öfters. Meist hatte sich ein Arbeitskollege an der Maschine verletzt, oder ein Kunde an den scharfen Kanten unserer Produkte geschnitten. Als ich vor vier Jahren für Phillip die Rettung gerufen hatte, behielt ich dabei zwar genauso einen kühlen Kopf wie immer, aber innerlich war mir ganz anders zumute. Was für Gefühle und Gedanken an diesem Tag in mir hochkommen würden, ahnte ich zu diesem Zeitpunkt noch nicht.

„Lassen Sie die Haustür offen und gehen Sie nicht mehr aufs Klo ..." Das hatte ich auch nicht vor. Wie angenagelt saß ich am Stuhl und bewegte mich nicht. Seit Benjamins Kaiserschnitt waren die ersten Tage meiner Periode sehr stark, aber bei weitem nicht vergleichbar mit dem heutigen Tag. Ich fürchtete mich vor dem Aufstehen. Das Blut lief unkontrolliert aus mir heraus, die Schmerzen wurden immer schlimmer. Zudem übertrug sich meine Unsicherheit auf unsere Kinder.

Als er durch die Tür kam, hätte ich mich beinahe umgedreht und nach dem Gitterbett mit Phillip gesucht. Es wunderte mich, aber Dr. Benes konnte sich trotz seines stressigen Alltags an den Vorfall von damals erinnern.

„Wie ist es ausgegangen?", fragte er neugierig nach.

„Er ist kurze Zeit danach gestorben."

„War besser so." Es waren harte Worte. Trotzdem waren sie mir lieber als unnützes Mitleid. „So hatte er es wenigstens hinter sich. Und Sie auch."

Das dachte ich damals auch. Heute auch noch. Und so werde ich wohl immer denken.

„Haben Sie einen Mutter-Kind-Pass?"

„Noch nicht. Als ich im Krankenhaus war, konnte man noch keine Herztöne sehen. Am kommenden Montag sollte ich zur Kontrolle. Das hat sich wohl erledigt." Auch wenn ich meine Mundwinkel zu einem Grinsen verzog, lustig fand es niemand.

Der Arzt fragte nach der Schwangerschaftswoche. „Ich dachte, ich könnte es mir ansehen." Seine Privatpraxis als Gynäkologe befand sich auf der Hauptstraße, quasi um die Ecke.

Meine Augen gingen weit auf. Ich saß immer noch wie

festgeklebt auf dem Stuhl und dachte nicht im Traum daran aufzustehen. Geschweige denn, mich unten frei zu machen.

„In der dreizehnten Woche muss es schon Herzaktivität geben. Aber seien Sie froh. Die Natur richtet es sich selbst und lässt nur Gesundes und Starkes überleben." Ich war nicht froh. Ich war enttäuscht. Sogar richtig wütend. Ich war wieder in meine alten Muster verfallen und hatte Pläne geschmiedet. Eigentlich sollte dies meine letzte Schwangerschaft werden. Ich war müde, mein Körper erschöpft. Das Bangen beim Warten auf die Ergebnisse der vergangenen Punktionen setzte meiner Psyche mehr zu als Phillips Tod. Und nun war ich sechsunddreißig und nicht mehr schwanger. Zudem konnte mir niemand garantieren, dass es nochmals klappen würde.

Während der Fahrt mit dem Rettungswagen rief mich Dr. Benes an. Genau wie damals hatte er auch heute vorab das Krankenhaus verständigt. Mein Arzt war zwar nicht im Dienst, aber ich wurde erwartet.

Bei meiner letzten Fahrt mit dem Rettungswagen war mir egal, wie ich durchgeschüttelt wurde. Damals galt meine Sorge nur meinem Sohn. Heute saß ich selbst angeschnallt im Transportstuhl, atmete die Nachwehen weg und fürchtete mich vor jeder Delle im Asphalt.

Abteilung 9 C: Zwei Mal war ich hier zur Abklärung vor den geplanten Operationen. Zwei Mal wurde ich hier aufgenommen, um meine Jungs per Kaiserschnitt auf die Welt zu bringen. Heute war ich nicht freiwillig gekommen.

Der Ultraschall zeigte das, was ich bereits wusste. Mein Bauch war leer. Trotzdem musste ich mich am Abend einer Kürettage unterziehen. Ich sollte nur noch ausnüchtern. Während ich bereits im Nachthemd und im Bett auf den Transport in ein Krankenzimmer wartete, rief mich unsere Nachbarin an.

In unserer kurzen Gasse war noch nie viel los. Ein Krankenwagen vor der Haustür fiel jedem sofort auf. Sie dachte, ich hätte mich geschnitten.

Ich seufzte: „Glaube mir, das wäre mir lieber gewesen ..."

Ich klärte sie darüber auf, wovon nicht einmal unsere Verwandtschaft etwas wusste.

„Sei dankbar für deine zwei gesunden Kinder ..." Die Worte waren die perfekte Aufmunterung. Für jemanden anderen, aber nicht für mich.

„Trauere nicht. Sei nicht enttäuscht. Richte deinen Blick auf die positiven Dinge. Freue dich über dein bereits vorhandenes Glück ..." Das alles verbarg sich hinter diesem einen Satz. In dieser Situation sprach mein Verstand jedoch eine andere Sprache. Für mich klang es danach, als wäre ich nicht dankbar für meine zwei Söhne. Und vor allem, als hätte ich kein Anrecht auf noch ein weiteres gesundes Kind.

„Haben Sie bereits Kinder?"

„Ja, zwei Jungs."

Die Schwester brachte ein paar schicke Strümpfe, eine Haube und ein Operationshemd. „Sehen Sie, jetzt wäre endlich ein Mädchen an der Reihe. Und das war eben kein Mädchen. Beim nächsten Mal klappt es bestimmt ..."

Da zerbrach ich mir den Kopf, ob ich etwas Schweres gehoben hatte, oder die Fehlgeburt auf ein anderes Fehlverhalten zurückzuführen war. Oder, ob der Arzt bei der Aufnahme recht hatte und es war für diese Schwangerschaft nach dem letzten Kaiserschnitt viel zu früh.

Dabei war es so einfach.

Es stimmte. Ich wünschte mir nach zwei gesunden Buben ein gesundes Mädchen. Ich wollte ihr Ohrlöcher für Ohrringe stechen lassen, Kleidchen anziehen und Zöpfe flechten. Zu Weihnachten gemeinsam mit ihr Kekse backen.

War mir etwa wieder der Fehler unterlaufen und ich hatte Wünsche gehegt, anstatt mich nur auf die Gesundheit zu beschränken? An diesem Tag hatte ich keine Lust auf Schuldgefühle.

In meinem Kopf schmiedete ich bereits einen neuen Plan. Damit dieser auch klappte, musste ich dringend etwas klären ...

„Ich habe mir überlegt ..." Es war am Abend und mein Mann hatte die Kinder längst ins Bett gebracht, als ich ihn anrief. „Ich würde es doch gerne nochmals versuchen."

„Es liegt an dir, schließlich musst du so etwas ertragen."

Wenn es ums Ertragen ging, befürchtete ich langsam, mein Kopf wäre weit mehr bereit zu verkraften, als der Rest meines Körpers.

Dennoch wollte ich es noch einmal riskieren.

Während ich vor dem Operationssaal wartete, grübelte ich weiter nach. Werde ich nach der Kürettage noch Kinder kriegen können? Gelingt uns noch eine Schwangerschaft? Wird es halten, oder verliere ich es wieder? Was wird die Punktion ergeben?

Aus heiterem Himmel verfiel ich in Panik. Schuld daran war ein längst vergessener Traum.

Es war diese mysteriöse Katze, die mir auf eine unerklärliche Art zu verstehen gab, dass ich nur mehr vier Jahre zu leben hätte. Damals war mir diese Botschaft nur ein Kopfschütteln wert. Phillip war erst vor kurzem gestorben. Mein Leben hatte damit viel an Bedeutung verloren. Aber jetzt warteten zuhause zwei kleine Kinder auf mich. Zwei gesunde Kinder, denen ich unbedingt beim Aufwachsen zusehen wollte. Dazu ein überforderter Papa, ein Haus mit Schulden, damit verbundene Aufgaben und Unterlagen, von denen er nicht einmal wusste, was sie zu bedeuten hatten und wo sie zu finden waren.

Es war meine Angst vor einer Vollnarkose. Ich befürchtete, nicht mehr aufzuwachen. Bislang hatte ich diese Angst gut im Griff gehabt, aber an diesem Tag kämpfte ich vergeblich dagegen. Schuld war dieser merkwürdige Traum. Und allem voran die Tatsache, dass es genau vier Jahre her war, als ich ihn geträumt hatte.

Ich lag im Bett vor dem Operationssaal und konnte nicht einmal meinen Mann anrufen, um ihm zu erklären, wo er im Fall der Fälle etwas finden würde. Den Kreditvertrag, die Lebensversicherung oder sonst was. Es war so lächerlich, aber im Anbetracht der zufälligen Ereignisse der letzten Jahre auch Angst einflößend zugleich.

Wenn man sich vor etwas fürchtet, denkt man automatisch an das Schlimmste, was einem passieren könnte. Die modernen Ratgeber mit ihren Lebensweisheiten ermahnen uns, stets positive Gedanken zu hegen. Man zieht das an, woran man denkt. Aber als ich die Spritze mit dem Narkosemittel sah, hatte ich weder ein Horrorszenario im Kopf, noch spann ich mir den Himmel auf Erden zusammen. Ich dachte mir lediglich: „Es kommt, wie es kommen soll ..."

Auf meiner Suche nach Erleichterung, neuen Entspannungsmethoden und vielleicht sogar nach Erleuchtung, hatte ich eine Rückführung absolviert. Dabei hatte ich der Frau, die diese Sitzung mit mir geführt hatte, von diesem Traum erzählt.

„Man träumt nicht vom eigenen Tod. Aber es könnte bedeuten, dass sich dein altes Ego verabschiedet."

Als ich nach der Operation wieder die Augen öffnete, sah ich es nicht nur als Anlass für Tränen der Freude, sondern auch als einen guten Zeitpunkt für weitere Veränderungen.

Bei meinem Kontrollbesuch sagte ich zu meinem Arzt: „Die letzte Geburt ist noch nicht lange her. Mein Körper war für eine erneute Schwangerschaft noch nicht bereit." „Die Histologie ergab, dass es nicht ganz gesund gewesen wäre ..." Mehr Details waren für mich nicht wichtig. Die Fehlgeburt hatte mich sehr getroffen. Trotzdem freute ich mich, dass es die Natur geregelt hatte. Mir blieb die anstrengende und auch teure Punktion mit einem negativen Ergebnis und daraus resultierenden Folgen erspart.

Nachdem ich am nächsten Tag aus dem Krankenhaus kam, ließ ich mir beim Friseur meine langen Haare abschneiden. Eine offensichtliche Veränderung hielt ich für den besten Neuanfang. Einige Wochen später suchte ich eine Hypnosetrainerin auf. Die drei Stunden fühlten sich an wie ein lang ersehnter Urlaub. Wieder um eine Erfahrung reicher, erlangte ich neue Erkenntnisse über mich selbst und neue Ansichten über die Prioritäten im Leben.

Und ich bekam noch eine Aufgabe mit auf den Weg – mir jeden Tag Zeit nur für mich selbst zu nehmen.

Am 14. Juni war die verordnete Zwangspause vorbei. Prof. Husslein riet mir, nach der Fehlgeburt und vor allem der Kürettage mindestens bis zur nächsten Periode zu verhüten. Die Schleimhaut der Gebärmutter sollte sich regenerieren, sonst würde sich die befruchtete Eizelle nicht halten können.

Ich hielt mich an seinen Rat.

Einen Monat später war ich immer noch sechsunddreißig und wieder schwanger. Hoch erfreut, dass es uns erneut gelang, bangte ich, ob mein Körper genug Zeit hatte, zu Kräften zu kommen. Ich verschob den Freudentanz auf später, verschwieg diese erfreuliche Neuigkeit vor Freunden und Verwandten und verbrachte meinen

Alltag wie gewohnt.

Doch dann ... wieder Blut ...

Die Rettungssanitäter waren etwas verdutzt, weil ich mich weigerte mitzufahren, bevor mein Mann von der Arbeit gekommen war. Schließlich konnte ich meine zwei Söhne nicht alleine zuhause lassen.

Der Arzt im Krankenhaus war weniger nachsichtig und machte mir klar, dass ich mich nicht direkt nach einer Geburt und schon gar nicht so schnell nach einer Fehlgeburt in eine neue Schwangerschaft stürzen konnte und dem Körper Zeit geben musste, sich zu erholen.

Ich erklärte ihm das Prinzip der 1:4 Trefferquote und fügte gleich an, dass ich mit 36 Jahren nicht mehr warten kann, da bei jeder, aber wirklich jeder weiteren Schwangerschaft ein von SMA betroffenes Baby entstehen konnte. Je länger ich mir also Zeit ließe, umso weniger Versuche blieben mir übrig. Schließlich tickte meine biologische Uhr schon ziemlich laut.

Nichts konnte mich von dem Wunsch, noch ein drittes gesundes Kind zu bekommen, abhalten. Schon gar nicht die Ablehnungen des Versicherungsträgers, die Rechnungen für die pränatalen Untersuchungen zu übernehmen.

Es handelte sich um private Praxen und ich hätte diese Untersuchungen genauso gut in einem öffentlichen Krankenhaus durchführen lassen können. Womöglich sogar von den gleichen Ärzten, die während Phillips Schwangerschaft keine Ungereimtheiten festgestellt hatten. Aber das jemandem erklären, der ein schwer krankes Kind im kalten Winter und zu Grippezeit mit dem Zug zur Therapie schicken wollte, war ein sinnloses Unterfangen.

Eines konnte dennoch meine Pläne vereiteln ...

„Ein weiteres Mal", sagte mein Mann, „... mache sowas ich nicht mehr mit." Ihm war dieser Vorfall genau einer zu viel.

Die Idee zu diesem Buch war schon kurz nach Phillips Tod entstanden. Da ich mich während einer gesunden Schwangerschaft von einem/einer FotografIn begleiten lassen wollte, sah ich an diesem Tag, als ich mit Blutungen ins Krankenhaus eingeliefert wurde, nicht nur meinen Wunsch nach einem dritten gesunden Kind in Gefahr, sondern auch dieses Buch.

Alles habe ich (fast) alleine geschafft. Die schreckliche wie wundervolle Zeit mit meinem Sohn, all die anstrengenden und demotivierenden Verhandlungsgespräche mit der Krankenversicherung und den Behörden, wie auch jede der unangenehmen Untersuchungen und sogar die Fehlgeburten und die Abtreibung.

Und obwohl ich auf gut gemeinte Ratschläge und andere Bemerkungen nicht viel gegeben hatte, in einem hatte meine Schwiegermutter recht: „Dein Mann kann dich schwängern, aber alles andere musst du selbst erledigen ..."

Es war also nicht nur die Angst um mein ungeborenes Baby, von dem wir noch gar nicht wussten, ob es gesund war oder nicht. Es war vor allem die Angst, keinen weiteren Versuch mehr wagen zu können.

„Nur ein Hämatom auf der Plazenta", klärte mich der diensthabende Arzt im Krankenhaus auf und bat mich darum, die Narbe des letzten Kaiserschnittes begutachten zu können, um zu erfahren, wie gut der Chef der Frauenklinik schneiden und nähen konnte.

2010

Im März war es dann so weit. Daniel, unser dritter gesunder Sohn kam per Kaiserschnitt zur Welt.

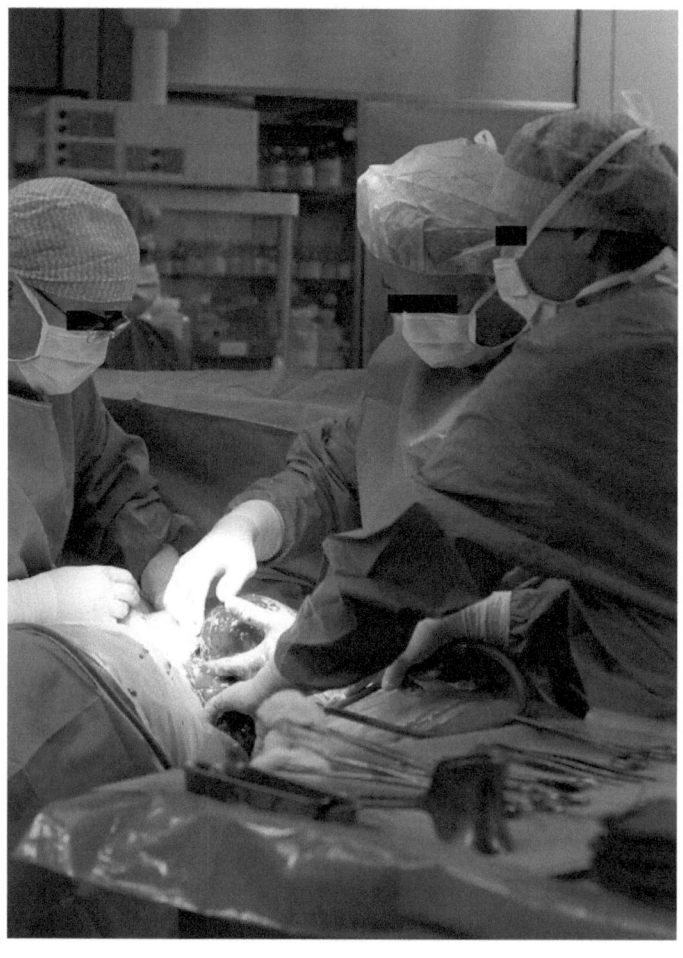

Alle Schwangerschaften waren psychisch, physisch und auch finanziell sehr aufwendig.

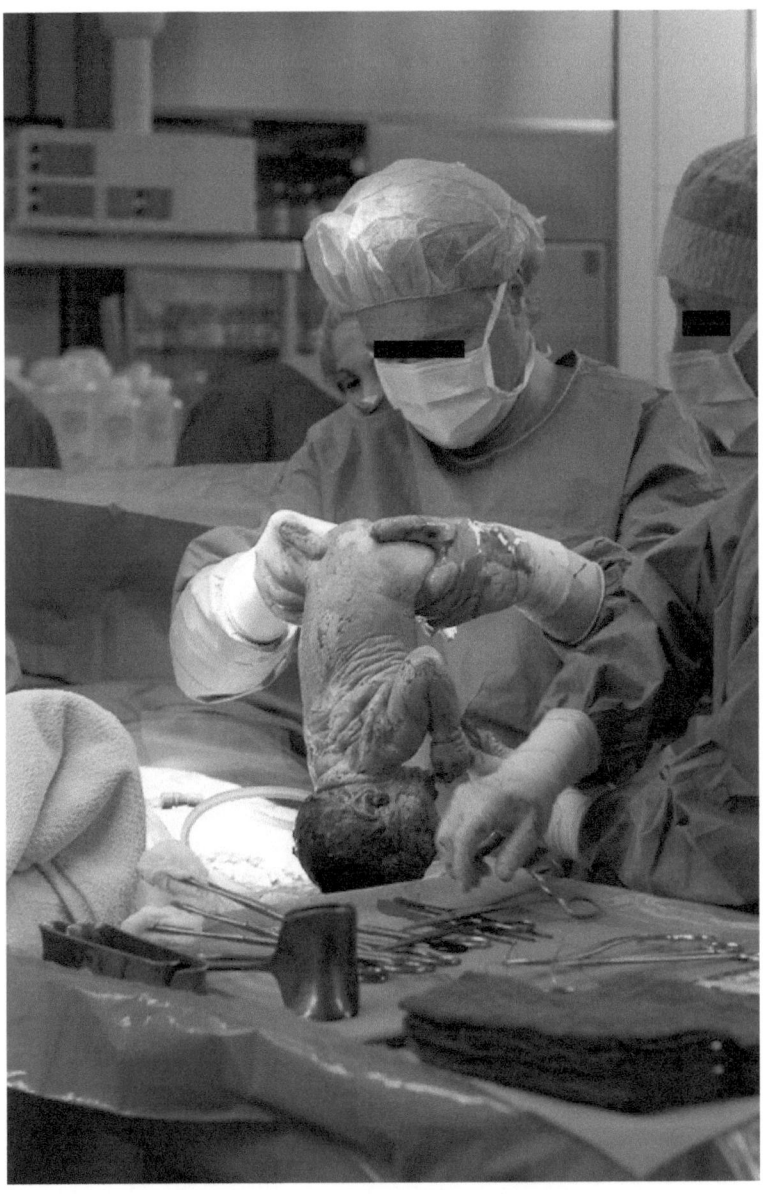

Mein Glück war perfekt und um es nicht unnötig zu strapazieren, entschied ich mich, mich während der Operation sterilisieren zu lassen.
Mein Arzt befürwortete diese Entscheidung.

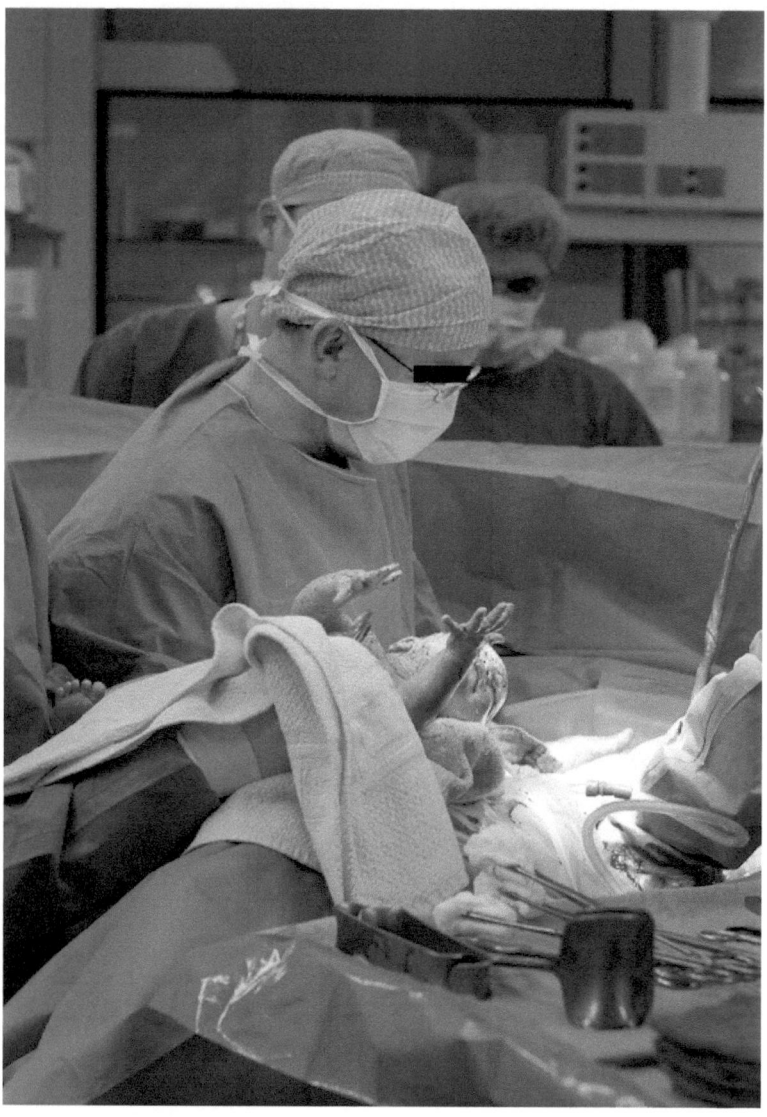

2020

Zehn Jahre nach der Geburt meines jüngsten Sohnes ist es plötzlich so weit.

Als ich davon erfuhr, wollte ich meinen Ohren nicht trauen, denn ich hätte mir nie gedacht, es zu erleben, und dann auch noch so relativ schnell.

Biogen erhielt 2016 die erste Zulassung für eine SMA-Therapie. Seit Anfang 2020 ist das Medikament Zolgensma auch in der EU zugelassen.

Eine wahnsinnig erfreuliche Nachricht. Eigentlich müsste ich ..., ja, was? Es bedauern, weil es für Phillip 15 Jahre zu spät kommt?

Wer dieses Buch bis hierher gelesen hatte, der gibt mir bestimmt recht, dass es uns vor 15 Jahren auch nichts genützt hätte. Wir wären nicht in den Genuss dieser Therapie gekommen.

Phillips Muskelabbau war schon bei der Geburt zu weit fortgeschritten und da sich der Versicherungsträger weigerte, uns Material für die Physiotherapie zukommen zu lassen und die Krankentransporte zu bezahlen, hätte er womöglich genauso wenig die Chance gesehen, dass das Medikament Phillip vor dem Tod hätte bewahren können.

Selbst für das Medikament aufzukommen, war weder damals und wäre uns auch heute nicht möglich. Der SMA-Betroffene benötigt zwar nur eine einzige Dosis, aber diese kostet 1,9 Millionen Euro.

Erfahren habe ich von diesem Fortschritt und dem Medikament im Fernsehen. Ein Sender zeigte einen Beitrag über eine junge Familie aus Deutschland, die im letzten Jahr eine Spendenaktion ins Leben gerufen hatte, weil sich zu der Zeit ihre Versicherung geweigert hatte, für das Medikament aufzukommen.

Im Jahre 2004 steckten Facebook und andere Plattformen noch in den Kinderschuhen. Ich bezweifle, dass es mir gelungen wäre, eine ähnliche Aktion auf die Beine zu stellen und diesen Betrag zusammen zu bekommen. Besonders erfreulich ist, dass es für die Familie des kleinen Ben ein Happy End gibt. Nach der Zulassung in der EU entschieden die Zuständigen ihrer Krankenversicherung, ihnen das Medikament zu bezahlen. Es bleibt nur noch, ihm eine unbeschwerte und glückliche Zukunft zu wünschen.

Am Ende meiner Geschichte angekommen, möchte ich aller verwaisten Eltern dieser Erde gedenken. Kein Kind sollte vor seinen Eltern gehen ...

Nicht im Krieg, nicht an noch unheilbaren Krankheiten, nicht, weil ein Medikament 1,9 Millionen Euro kostet, und schon gar nicht, wenn das Notwendigste, um zu überleben, nicht mehr als sauberes Wasser und etwas Nahrung sind ...

Danksagung

Liebe Mama – es war vor allem deine Hilfe, der ich zu verdanken habe, die schwierigste Zeit in meinem Leben durchgestanden zu haben. Du hast mich dazu angespornt, noch mehr zu geben, nichts unversucht und mich nicht unterkriegen zu lassen. Danke, dass du mich zu dem Menschen erzogen hast, der ich jetzt bin.

Meinen Dank richte ich an Prof. Dr. Husslein, der mich mit seinem Fachwissen, Geduld und Optimismus bei unserer Familienplanung unterstützte. Er hat stets alle meine Fragen beantwortet und wusste er spontan keine Antwort, hat er für mich Informationen eingeholt. Er ist mir immer mit guter Laune begegnet und hat mir vom ersten Augenblick an den Eindruck vermittelt, sich mit Leib und Seele seinem Beruf verschrieben zu haben ...

Besonderen Dank richte ich an unseren Physiotherapeuten, Herrn Csaba Marton, für seine nie enden wollende Motivation und seinen Beistand.

Ich danke der Schicksalsfügung, die mich in die Praxis von Doz. Bernert und in weiterer Folge unseren Sohn in das Preyer'sche Kinderspital führte. Ein großes Dankeschön an alle Ärztinnen, Ärzte und Krankenschwestern für die beispiellose Betreuung, Empathie und Unterstützung auch bei dem Umgang mit der Krankenversicherung.

Ganz besonders war auch die Begegnung mit dem Genetiker Dr. Gencik und seiner Frau Mudr. Gencikova. Ihre ausführliche Aufklärung und Betreuung, auch außerhalb der Sprechstunden, haben sich gerade bei unserem Kinderwunsch als sehr wichtig erwiesen.

Nachruf für Dr. Barelli, Kinderarzt: Ich bedauere sehr, dass meine zwei jüngeren Söhne Sie nicht mehr kennenlernen durften. Sie waren der Einzige von all denen, an die ich mich hilfesuchend gewandt hatte, der mich nicht die kalte Schulter zeigte. Sie setzten den ersten Schritt bei der Diagnosefindung und hatten stets ein offenes Ohr für mich. Nicht nur als Arzt, auch als Mensch.

Epilog

Das Leben von Phillip war kurz und ich konnte mich wahrlich nicht beschweren, in dieser Zeit nicht viel zu tun gehabt zu haben.

Nach seinem Tod nutzte ich jede Minute meiner Freizeit, um meinen Körper und meine Psyche wieder fit zu bekommen. Weitere sechs Jahre hielten mich meine anderen Söhne rund um die Uhr auf Trab.

Nachdem auch der Jüngste in den Kindergarten gekommen war, verfügte ich urplötzlich über Zeit.

Plötzlich kamen alle Gefühle in mir hoch und ich fiel in ein tiefes Loch.

In den vergangenen Jahren hatte ich genug Energie darauf verschwendet, mich mit gestressten Ärzten herumzuschlagen, gegen Bürokratie anzugehen und mit der Krankenversicherung um Geld zu streiten. Ebenso mich über unpassende Bemerkungen zu ärgern:

„Du brauchst doch keine psychologische Hilfe, du bist doch eine starke Persönlichkeit", war die Meinung meiner Schwiegermutter.

Nicht auszudenken, was geschehen wäre, wäre ich nicht so stark gewesen. Aber ehrlich – niemand hat mich je gefragt, ob ich stark sein wollte. Und nach acht Jahren wollte und vor allem konnte ich es nicht mehr sein. Ich wachte nachts tränenüberströmt auf und brach auch tagsüber bei allen möglichen Gelegenheiten in Tränen aus. Ich war am Ende meiner Kräfte angelangt und brauchte dringend Hilfe, um meinen Kindern die Mutter sein zu können, die sie brauchten.

Von meiner Hausärztin krankgeschrieben, wurde ich

von der Krankenversicherung vorgeladen:
„Sie haben doch drei gesunde Kinder. Wozu brauchen Sie noch Depressionen?", fragte mich die Ärztin und schrieb mich gesund ...

... und die Welt dreht sich weiter ...